FÉDÉRATION

DES

Compagnies d'Experts Comptables

DE FRANCE ET DES COLONIES.

L'EXPERT-COMPTABLE AU TRIBUNAL

RAPPORT

présenté au Congrès tenu à Nantes

les 7 et 8 Juillet 1930

par

M. A. RIDART

Président de la Compagnie des Experts-Comptables de Marseille
Vice-Président de la Fédération

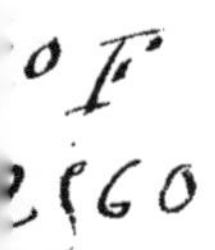

IMPRIMERIE-PAPETERIE DES MÉTHODES MODERNES
Mce DEQUEKER & Cie
71, Rue Desnouettes - PARIS (XVe)
— 1930 —

La Fédération des Compagnies d'Experts-Comptables de France et des Colonies, après avoir entendu le rapport présenté par M. Ridart, félicite le rapporteur de sa hauteur de vues, adopte ses conclusions à l'unanimité, décide l'impression de ce rapport et son envoi à M. le Garde des Sceaux, à M. le Ministre du Commerce, à M. le Ministre de l'Instruction Publique, à M. le Sous-Secrétaire d'Etat à l'Enseignement Technique, à MM. les Députés et Sénateurs ainsi qu'aux groupements et personnalités s'intéressant à la question, et à la Presse.

Le Président de la Fédération

G. PANNARD.

FÉDÉRATION

DES

Compagnies d'Experts Comptables

DE FRANCE ET DES COLONIES

L'EXPERT-COMPTABLE AU TRIBUNAL

« Le premier reproche que je fasse aux Experts, c'est de n'avoir aucune technicité légalement reconnue pour cette raison bien simple que n'importe qui peut être Expert... »

Me HESSE, Député.

« Voilà des gens qui ne présentent aucune garantie et sont en fait chargés de véritables instructions... »

Me RAYNAUD, Député.

« Il ne faut pas que l'Avocat se trouve automatiquement en présence d'un Expert qui, parce qu'il a intérêt à se faire désigner, se transforme en tortionnaire ».

Me RAYNAUD, Député.

« Les Experts constituent une féodalité recrutée, comme toutes les féodalités, par la cooptation des « beati possidentes... »

M. DE MONZIE, Député.

« Nous avons trop senti les uns et les autres, et ceux surtout d'entre nous qui ont eu, d'une façon quelconque, à collaborer, à quelque degré que ce fut, à l'œuvre de redressement financier et fiscal des dernières années, nous avons trop vu l'abominable abus qui est fait du titre d'Expert-Comptable par des officines de démoralisation fiscale, par des entreprises à forfait de fraudes fiscales, qui empruntaient votre nom respecté, votre science reconnue, pour des œuvres et pour des travaux dont le moins qu'on puisse dire est qu'ils sont contraires à l'ordre et à la moralité publics... »

M. LASKINE,
Chef de cabinet de M. le Ministre du Commerce.

« Suivant les circonstances, vous êtes des Juges d'Instruction pleins de rigueur, mais aussi vous êtes des conseillers et des guides, et je devrais même dire des amis, des amis des entreprises dont on devrait toujours suivre les utiles indications si ceux qui sont à leur tête comprenaient toujours leur devoir... »

M. SAVARY,
Représentant M. le Ministre du Commerce.

« Il faut éviter toute proposition offrant un moyen de tourner les justes barrières qu'on doit élever à l'entrée d'une grande profession de grande importance et pour laquelle, étant donnée la complexité des affaires modernes, il importe de posséder des connaissances techniques sanctionnées par un titre officiel qui donne toute garantie au public... »

M. Henri GUY, Député,

I

La Technicité dans la vie moderne

Pendant de longs mois, de longues années, toutes les branches de l'activité économique du Pays ont été frappées de paralysie à la suite de l'effroyable tragédie qui s'est déroulée depuis le mois d'août 1914.

Mais, dès le lendemain de la guerre, après avoir tant bien que mal pansé ses plaies, le Pays, dans un splendide mouvement de redressement, s'est mis à l'œuvre : les comptoirs se sont ouverts à nouveau, les usines ont repris leur activité, les navires sont repartis vers les lointains horizons.

Cinq ans de souffrances, cinq ans d'angoisse avaient cependant modifié la mentalité. Beaucoup étaient partis presque encore jeunes qui revinrent presque déjà vieux. Pour compenser cette perte de temps, il fallait donc s'assurer le plus rapidement possible une situation convenable. Le but ne pouvait être atteint qu'en évitant toute dispersion de ses forces intellectuelles, qu'en concentrant ses efforts vers un même but.

Dans l'évolution à laquelle nous avons alors assisté dans tous les domaines : économique, scientifique, social, évolution qui d'ailleurs se poursuit suivant un rythme de plus en plus accéléré, la technicité a joué et joue encore un rôle de plus en plus grand.

Le cadre de l'Ecole est devenu trop étroit pour permettre aux jeunes étudiants d'enregistrer tout ce que l'on désirerait leur faire connaître pour leur permettre de s'adapter aux difficultés de la vie moderne. Les programmes déjà trop étendus — au détriment d'ailleurs de la profondeur des études — sont arrivés à saturation. Et cependant, que de choses nouvelles chaque jour suscitent notre curiosité, que de changements, que d'améliorations. L'esprit toujours en éveil, le travailleur intellectuel moderne a son attention continuellement sollicitée, il faut qu'il se tienne au courant des progrès, qu'il les analyse, qu'il les discute pour les adopter ou les rejeter. Mais alors, nécessairement, dès la fin de ses études, le jeune homme qui va s'aventurer dans la vie sera dans l'obligation de se spécialiser. Lorsqu'il aura choisi sa voie, s'il tient à arriver à une situation, il devra développer ses connaissances techniques, il devra creuser son sillon aussi profondément que possible, il devra acquérir l'expérience de sa profession, expérience qui lui conférera nécessairement l'autorité et qui l'élévera au-dessus de la médiocrité.

La magnifique floraison des œuvres d'enseignement post-scolaire ne fait-elle pas la preuve d'ailleurs du désir intense qu'ont les générations nouvelles d'approfondir les connaissances pouvant leur être utiles dans la carrière choisie.

Le comptable ne pouvait échapper à la loi commune. Le développement des affaires modernes, leur complexité, les difficultés fiscales, tout cela devait faire naître ou se développer cette profession d'Expert-Comptable « grande profession de grande importance » suivant l'expression particulièrement heureuse de M. le Député H. Guy, et que le décret du 22 mai 1927 a consacrée en la réglementant.

Il est certain d'ailleurs qu'une profession qui touche en fait aux sources profondes de la vie économique et même sociale, ne pouvait continuer à rester en dehors de tout contrôle, et les quelques citations que nous avons cru devoir reproduire au frontispice de ce rapport font la preuve que la réglementation qui prend sa source dans le décret du 22 mai 1927 était souhaitée par beaucoup de bons esprits.

Nous n'insisterons pas ici sur le caractère un peu excessif de certaines des critiques adressées aux Experts. Nous ne retiendrons que le fait que le Parlement s'est vivement préoccupé des Experts-Comptables et que ses préoccupations portent surtout sur l'Expertise Judiciaire.

Le rapport que le Comité de la Fédération m'a chargé de présenter à votre Congrès vient donc à son heure et vous me permettrez d'émettre le vœu que ce rapport puisse contribuer dans une certaine mesure — si faible soit-elle — à l'organisation de notre profession.

II

La Réglementation de la Profession d'Expert-Comptable

Nous n'avons nullement l'intention dans ce rapport de revenir sur la question du Brevet d'Etat.

Toutefois, il nous paraît nécessaire de rappeler que, suivant la définition même que le Décret donne de l'Expert-Comptable (1), les attributions de ce dernier sont de deux sortes : tantôt l'Expert-Comptable est appelé à organiser une entreprise, tantôt il procède à une vérification ou à un redressement des comptes. Si cette vérification de comptes est faite à la demande d'un magistrat ou d'un Tribunal, l'Expert devient : « Expert Judiciaire ».

Nous sera-t-il permis ici de rappeler que, quelle que soit l'organisation envisagée, à Paris comme en Province, on ne saurait considérer l'Expert Judiciaire comme exerçant une profession particulière, spéciale, distincte de celle de l'Expert dit du Commerce et de l'Industrie.

Qu'il opère sur mandat de Justice ou qu'il soit désigné amiablement par des commerçants en désaccord, l'Expert-Comptable, chargé d'une vérification ou d'un redressement, doit rester égal à lui-même : au prétoire comme au comptoir, l'Expert vraiment digne de ce nom ne doit avoir qu'une préoccupation et qu'un souci : rechercher la Vérité, déterminer la situation exacte des parties en présence, établir le bilan sincère de l'entreprise.

Il peut sembler que les réflexions ci-dessus soient quelque peu superflues, l'idée formulée étant admise par la grande majorité des Experts-Comptables, lesquels opèrent indifféremment tantôt pour le Commerce et l'Industrie, tantôt pour les Tribunaux.

---

(1) Technicien voulant faire profession habituelle d'organiser, vérifier, apprécier ou redresser les comptabilités et comptes de toute nature.

Il nous a paru cependant nécessaire de revenir rapidement sur la question; car un de nos collègues dont la parole est particulièrement autorisée, et qui, sur ce point, ne partage pas notre opinion, nous adresse une note dans laquelle il nous reproche de vouloir nous occuper de l'Expert Judiciaire qu'il considère comme différent de l'Expert du Commerce.

Mais notre collègue ne nous a pas convaincu. Nous persistons à penser qu'en défendant l'Expert Judiciaire, nous défendons en même temps l'Expert-Comptable sans qualificatif. Il ne saurait y avoir de cloisons étanches entre l'Expert du Commerce et l'Expert *Judiciaire* et les faits, pratiquement, le démontrent. Certes, dans un champ d'action aussi vaste que celui qui s'ouvre devant l'Expert sérieux et compétent, des spécialisations pourront encore se produire : un tel préférera l'Expertise au Tribunal, tel autre considérera que l'expertise amiable est plus intéressante, tel autre enfin préférera se cantonner dans l'organisation rationnelle des entreprises ou dans l'étude des questions fiscales. Mais l'Expert du Commerce ne pourra ignorer les questions fiscales, non plus que l'Expert au Tribunal ne pourra ignorer la comptabilité industrielle, par exemple. Et nous irons même plus loin dans cette idée : En admettant que dans un temps plus ou moins éloigné on arrive — ce qui est d'ailleurs possible et même vraisemblable, au moins dans les grandes villes — à une spécialisation plus accentuée encore que par le passé; en admettant qu'il y ait des Experts-Comptables du Commerce, des Experts-Comptables de l'Industrie, des Experts Financiers, des Experts Fiscaux, en admettant que la formule dite des « fiduciaires » se généralise, que dans les centres d'affaires importants, les cabinets d'Experts se transforment en une véritable industrie de la comptabilité, c'est l'Expert judiciaire qui restera alors le type véritable de l'Expert-Comptable.

On donne, il est vrai, des arguments contraires. Mais ces arguments ne sont que des boutades. Qu'on en juge par celui-ci :

« Il n'est pas sans intérêt de rappeler — nous dit-on — que plusieurs de nos grands pontifes de l'expertise comptable judiciaire ont proclamé qu'un expert-comptable judiciaire n'avait pas besoin de connaître la comptabilité... »

Certes il est vrai que dans le passé, alors que la science des comptes n'avait pas atteint le développement acquis de nos jours, alors que la comptabilité était dans son ensemble plus sincère parce que les impôts n'étaient pas établis en fonction des résultats obtenus, on a pu rencontrer, près des Tribunaux, des Experts sans grande valeur comptable, sans technicité approfondie.

Mais actuellement il ne saurait en être ainsi. Et si d'aventure on trouvait encore des Experts aussi manifestement insuffisants, ce serait une raison de plus pour réclamer une organisation plus complète et plus définitive de la Profession. Car enfin il ne faut pas perdre de vue que pour démasquer ceux que M. Laskine a si justement flétris, pour lutter contre ces « entrepreneurs de fraude fiscale » dont la compétence égale souvent la mauvaise foi, *il est nécessaire, il est indispensable que les Tribunaux puissent s'adresser à des Experts possédant techniquement des armes de même valeur que celles de leurs adversaires.*

L'Expert Judiciaire, disions-nous plus haut, est et restera le type le plus parfait de l'Expert-Comptable.

En effet, l'Expert commis par le Tribunal doit véritablement posséder des connaissances particulièrement étendues, il doit avoir acquis dans tous les domaines de la comptabilité une expérience sérieuse lui permettant d'apprécier et de discuter les différents cas, les diverses difficultés qui lui seront soumis. Car, en fait, on ne peut accepter qu'un Expert désigné par un Magistrat fasse résoudre par un autre que lui-même le problème qui lui est posé. La confiance ne se transmet pas. *Lorsque le Tribunal a désigné Primus comme Expert, on ne saurait admettre que le dit Primus se contente d'homologuer par sa signature le rapport qui lui aura été préparé par son secrétaire Secundus.*

Lieu commun, dira-t-on peut-être à la lecture de ces lignes. Hélas! non. Et nous avons malheureusement la preuve que tous les Experts n'ont pas la même conception : Un de nos collègues ne nous écrit-il pas, au sujet du fonctionnement du Stage :

« Je charge Monsieur Stagiaire de la presque totalité des expertises *judiciaires* ou privées qui me sont confiées. Il reçoit les parties en mon Cabinet... en ma présence ou en dehors de moi. Il fait toutes investigations utiles et m'en réfère : je lui donne mon avis et *quelquefois des directives.* Il dresse les projets de rapports ».

Mais nous voulons croire qu'en écrivant ces lignes notre Collègue a mal traduit sa pensée. Nous nous refusons à admettre qu'un Expert se contente de signer un rapport établi par un sous-ordre, quelque compétence qu'il puisse reconnaître à ce dernier. En tout cas, s'il en était autrement, cet Expert mériterait certes les critiques amères qui du haut de la Tribune du Parlement ont été adressées aux Experts-Comptables.

De toute façon un fait est à souligner : Si l'on admet que l'Expertise Judiciaire demande une plus grande somme de connaissances que l'organisation comptable proprement dite, si l'on considère surtout les conséquences graves que peuvent avoir les conclusions d'un rapport présenté à un Tribunal, on doit nécessairement admettre également que la réglementation amorcée par le Décret du 22 mai 1927 est surtout nécessaire pour l'Expert Judiciaire.

En effet, qu'une organisation de comptabilité soit plus ou moins heureuse, que cette organisation donne plus ou moins satisfaction à celui qui l'a provoquée, la question apparaît bien secondaire si l'on met en parallèle les inconvénients qui peuvent résulter du fait qu'un Tribunal mal éclairé par l'Expert commis par lui peut acquitter un coupable ou condamner un innocent.

Si donc le Décret du 22 mai 1927 a eu en vue d'assurer au Commerce et à l'Industrie le minimum de compétence que l'on est en droit d'attendre de celui qui s'intitule «Expert-Comptable», il doit permettre surtout aux Tribunaux d'avoir la certitude que l'Expert choisi par eux s'est soumis à un contrôle constituant en fait une garantie que ne peuvent offrir ceux qui se sont simplement emparés du titre.

Le Décret de 1927 a ainsi répondu par avance aux préoccupations de M. le Député Hesse lorsque celui-ci, en 1929, reproche aux Experts de « n'avoir aucune technicité légalement reconnue ».

III

Des Qualités
que doit avoir un Expert-Comptable

Un Expert-Comptable, en général, doit posséder de très nombreuses qualités. Mais nous croyons inutile de les examiner en détail et nous nous contenterons de souligner, d'accord avec les différents correspondants qui ont bien voulu nous donner leur avis : la Compagnie de Strasbourg et la Compagnie de Rouen, notamment, que les qualités essentielles d'un Expert sont :

l'honorabilité, l'impartialité, la compétence.

L'Expert-Comptable — et l'on excusera cette métaphore un peu hardie — doit être un véritable lieu géométrique réunissant à la fois la science comptable, la science juridique et la loyauté.

L'honorabilité, la loyauté sont incontestablement les qualités dominantes qu'un Expert doit avoir. Malheureusement aucun diplôme, aucun parchemin ne peut conférer cette honorabilité nécessaire. Et c'est ce qui explique d'ailleurs la lenteur avec laquelle, dans notre profession on arrive à la notoriété. Ce n'est en effet que peu à peu que le caractère de l'Expert sera apprécié, ce n'est que lorsque cet Expert aura été aux prises, non seulement *avec les difficultés techniques de la profession, mais encore avec les influences, les démarches, les sollicitations, les menaces parfois, qu'il donnera véritablement sa mesure. Il faut que l'Expert ait en effet le courage de se faire des ennemis, le stoïcisme de voir des portes se fermer devant lui. Il doit s'imposer par une vie irréprochable, exempte de toute défaillance et de toute compromission.*

L'impartialité doit également faire partie du bagage de l'Expert-Comptable Judiciaire. Qualité difficile à acquérir : quelle mission redoutable et délicate en effet que celle qui oblige l'Expert à tenir la balance rigoureusement en équilibre, sans souci de ses sympathies personnelles, sans faire état des apparences si souvent trompeuses, sans se préoccuper des conséquences de ses conclusions. Mais combien est noble, presque surhumaine, la mission ainsi confiée à celui qui doit rester calme dans les luttes parfois si ardentes, mettant aux prises l'accusation et la Défense, à celui qui, ni accusateur, ni défenseur, ni ministère public, ni avocat, doit s'attacher uniquement à la Défense de la Vérité.

Quant à la *compétence*, il nous paraîtrait inutile d'insister sur sa nécessité si nous n'avions lu parmi les observations que nous avons qualifiées de boutades et qui en fait relèvent plus de l'humour que de l'étude sérieuse et psychologique :

« Un dernier souvenir — nous dit un de nos correspondants qui s'avère comme un adversaire déterminé des Experts-Judiciaires — qui ne remonte qu'à 3 ou 4 ans : Un Juge d'Instruction de ... a cru devoir dire à un avocat qu'un Expert-Judiciaire ne se trompait jamais... »

N'avions-nous pas raison de dire que nous sommes ici dans le domaine de l'humour ou de la pure fantaisie? Peut-on véritablement jeter dans le débat de pareils arguments? Peut-on supposer un seul instant que la déclaration à laquelle il est fait allusion ci-dessus ait été formulée sérieusement, avec le sens que lui attribue celui qui nous l'a rapportée?

Sur ce point, nous sommes d'ailleurs amené à faire humblement amende honorable. Il nous est arrivé en effet de dire à un nouveau secrétaire, à une nouvelle dactylographe, afin de frapper leur esprit, de leur faire comprendre que rien dans notre profession ne doit être négligé : « Dans un cabinet d'Expert on n'a pas le droit de se tromper ». Et nous frémissons à la pensée du sens que l 'on aurait pu donner à nos paroles.

Quoi qu'il en soit, des différentes qualités que doit posséder l'Expert-Comptable, la compétence est la seule qui relève d'un examen. Le Brevet d'Expert Comptable avec ses deux examens séparés par un stage constitue à cet égard une garantie certaine et indiscutable, à la condition toutefois que le Stage indispensable à la formation professionnelle de l'Aspirant au Brevet d'État soit effectué rigoureusement suivant les conditions du Décret et que les Experts ne délivrent pas des certificats de pure complaisance en faveur des stagiaires.

Mais il est incontestable, et personne n'a songé à soutenir le contraire, que le Brevet ne constitue pas le palladium dont la possession conférera à l'Expert toutes les qualités jugées indispensables à l'exercice de sa profession.

Mais il serait puéril de nier l'intérêt d'une réglementation ayant pour résultat de permettre de s'assurer au moins de la compétence technique du candidat. D'ailleurs la question n'est pas nouvelle; existe-t-il une profession réglementée quelconque où l'on puisse avoir la certitude que le titulaire de tel ou tel parchemin restera toujours dans le droit chemin? Faut-il donc supprimer toute réglementation?.

IV

Des conditions dans lesquelles s'exerce la profession d'Expert-Comptable

De la nécessité de l'Expertise en matière judiciaire.

On a souvent reproché aux magistrats d'avoir trop fréquemment recours aux expertises et de se décharger ainsi du souci de l'Instruction.

Ce reproche est-il fondé? Peut-on considérer que l'on fait abus de l'expertise? Il est évidemment délicat pour nous de répondre à une pareille question, car on ne manquera certainement pas de nous objecter que, tel M. Josse « nous sommes orfèvres ».

Toutefois comme nous avons pour principe absolu de formuler nos idées sans nous préoccuper des critiques auxquelles elles peuvent donner lieu, sauf bien entendu à tenir compte de celles de ces critiques nous paraissant justifiées, nous n'hésiterons pas à dire que l'expertise est le plus souvent indispensable à une appréciation exacte des faits.

Lorsque l'on a pu se rendre compte du travail considérable, des longues recherches auxquelles un Expert est astreint pour arriver, au prix de mille difficultés, à découvrir la Vérité, lorsque l'on sait à quelles patientes études cet Expert doit se livrer au cours de veilles prolongées, peut-on songer à demander aux magistrats de fournir ce travail auquel d'ailleurs, on peut le reconnaître sans porter atteinte à leur valeur, leurs études et leur formation ne les ont pas préparés.

Voudrait-on donc que le Magistrat soit en même temps docteur, chimiste, aliéniste, électricien, comptable... que sais-je encore ?

Non, la mission du Juge est différente. En présence d'une situation complexe, d'une affaire embrouillée, il doit nécessairement, obligatoirement pourrait-on dire, avoir recours à l'expertise pour faire effectuer par un « homme de l'art » les constatations nécessaires à la manifestation de la Vérité. A la lumière de ces constatations, il appréciera les faits et les placera dans le cadre juridique qui convient.

D'ailleurs que constate-t-on dans bien des cas lorsque l'Instruction a été close sans expertise ? L'affaire vient devant le Tribunal et alors, soit que ce Tribunal se déclare insuffisamment documenté pour apprécier les faits, soit que l'une des parties ait intérêt à gagner du temps, l'expertise est ordonnée du haut du siège, N'eut-il pas été préférable qu'elle le fut à l'Instruction.

Mais si nous admettons que, dans les affaires complexes l'expert se doive être en quelque sorte la règle, nous devons indiquer :

a) que l'Expert à qui l'examen va être confié doit présenter le maximum de garanties et posséder au plus haut degré possible les qualités que nous avons examinées.

b) qu'il serait nécessaire que les magistrats aient en matière comptable quelques données précises pour pouvoir apprécier le travail de l'Expert, pour pouvoir adopter ou rejeter ses conclusions.

Evidemment, la haute culture de nos Magistrats leur permet de s'assimiler avec l'expérience, les principes de la science des comptes. Mais en dehors des grandes villes, cette expérience ne peut s'acquérir que très lentement; de plus, il faut bien le reconnaître, cette expérience ne peut être encore en possession du Magistrat lorsqu'il débute.

Et sur ce point, il nous sera permis incidemment d'émettre le vœu que les facultés de Droit ouvrent un peu plus largement leurs portes à l'enseignement de la comptabilité, d'autant que la plupart des procès modernes touchent plus ou moins à cette science : discussions commerciales, discussions fiscales, vols, détournements, abus de confiance, escroqueries, partages, successions, divorces, etc., etc... toutes ces questions ne conduisent-elles pas nécessairement à l'examen de comptes.

Et il me sera permis de rappeler ici qu'un parlementaire éminent, le regretté M. Bokanowski, dont je salue respectueusement la mémoire, en approuvant les conclusions d'un rapport présenté au Congrès de la Formation Commerciale m'écrivait déjà en 1922 :

« J'avais pensé ces temps-ci que l'on pourrait demander au Parlement la création d'une chaire de comptabilité à la Faculté de Droit de Paris, pour commencer... Il est certain que les jeunes gens qui se destinent à entrer dans l'Administration Financière et qui font du droit, de même que les Magistrats et les Avocats appelés à statuer sur les affaires commerciales et industrielles compliquées, devraient posséder, avant d'entrer en fonctions, les éléments de la science comptable... »

D'ailleurs M. Bokanowski, qui s'intéressait particulièrement à la question me déclarait aussi :

« Il n'est pas douteux que la science de la comptabilité n'a pas été assez encouragée et appuyée par les pouvoirs publics... »

Cinq ans après, M. Bokanowski, Ministre, signait avec M. Herriot le Décret du 22 Mai.

*
* *

Du mandat donné aux Experts.

Ainsi donc l'expertise est nécessaire. Quand on songe à tout ce qui est contenu dans cette brève expression « Rendre la Justice », ne doit-on pas considérer comme indispensable de s'entourer du maximum de garanties avant de condamner ou d'acquitter.

Examinons maintenant comment l'Expert est investi de sa mission et étudions les critiques faites sur ce point.

Que l'Expert soit commis par jugement, ordonnance ou réquisitoire, deux systèmes, peut-on dire, sont en présence :

Tantôt le mandat donné est extrêmement détaillé, les questions posées à l'Expert sont très nettes et très précises.

Tantôt, au contraire, le mandat est très vague et général.

Ainsi, nous avons eu en mains d'une part un réquisitoire ne comprenant pas moins de 4 pages grand format, petit interligne, d'autre part un jugement donnant, dans une affaire délicate, mission à l'Expert d' « instruire le litige existant entre les parties ».

Quelle est la meilleure formule?

Avant de répondre, nous devons dire ceci : L'expertise faite à la suite du premier réquisitoire a donné lieu à une expertise supplémentaire, cependant que la deuxième expertise a conduit à un jugement fortement motivé et qui d'ailleurs n'a pas été frappé d'appel. Cette conclusion, à *priori*, apparaît paradoxale. Et cependant réfléchissons :

L'Expert, qui s'est trouvé en présence d'un réquisitoire lui donnant mandat impératif de répondre à toute une série de questions nettes, précises, n'a pu que tenter de donner satisfaction à ces questions. Or, comme il est impossible, au moment où l'on nomme un Expert, alors que l'on ne peut savoir quelle sera la documentation que pourra avoir entre les mains cet Expert, de connaître quels sont les points qu'il y aura lieu d'élucider, quels sont les points qu'il sera possible d'éclaircir, la plupart des questions posées étaient insolubles et restèrent sans réponse. Et comme sous peine d'être accusé de répondre en quelque sorte « ultra petita », l'Expert nanti du réquisitoire envisagé ne pouvait que s'en tenir aux questions posées, on arriva à cette situation extraordinaire : aucune réponse ne put être donnée à certaines questions, faute d'éléments d'appréciation, cependant qu'il ne fut pas répondu aux questions solubles parce qu'en dehors du mandat précis et strictement limité donné à l'Expert. D'où la nécessité de recourir à un supplément d'information.

Au contraire, l'Expert commis par le jugement lui donnant simplement pour mission d'instruire l'affaire put, se basant sur les données du dossier, sur les dires des parties en cause, sur les documents réclamés par lui, arriver à faire la lumière complète sur la question soulevée.

Et tout en admettant qu'il est bon que le mandat donné à l'Expert soit précisé dans ses grandes lignées, *mais dans ses grandes lignes seulement*, si nous avions à choisir entre les deux systèmes précédents, nous n'hésiterions pas à dire : Mieux vaut faire confiance à l'Expert en lui demandant d'étudier le dossier en vue des faits ou de la prévention envisagée et de donner son sentiment sur ces faits et sur les responsabilités engagées ou susceptibles de l'être ; mieux vaut un mandat large et général qu'un mandat étroit et circonscrit qui n'aurait de raison d'être que si l'autorité commettant l'Expert pouvait par avance connaître à fond les conditions dans lesquelles pourront être effectuées les recherches qui vont être entreprises.

A ce sujet remarquons, et ce sera en fait l'illustration de ce qui précède, que le mandat donné à l'Expert pourra cependant être limité lorsqu'on se trouvera en présence d'une contre-expertise. Lorsqu'en effet, un magistrat aura en mains une étude déjà faite, qu'il connaîtra les conclusions résultant d'un premier travail, lorsque ce magistrat aura pu critiquer ce travail, relever les points qui lui paraissent insuffisamment éclaircis, lorsque de plus, ce magistrat aura recueilli les observations que les parties en cause auront pu être amenées à formuler, il pourra, dans un nouveau réquisitoire, adressé à un nouvel Expert, soit même dans un réquisitoire supplétif adressé au premier Expert commis, donner, en toute connaissance de cause, un nouveau mandat très strict.

Mais en dehors de ce cas, nous persistons à préférer le mandat général.

Nous n'ignorons pas cependant les observations qui ont été faites au Parlement lors de la discussion de la dernière loi de Finances. Mais de même que nous considérons que M. le Député A. Raynaud est allé un peu loin dans la voie de la critique en disant, sans faire de distinction entre les Experts sérieux et les autres, que d'une façon générale les Experts étaient des « gens ne présentant aucune garantie », nous estimons qu'il a une fausse conception du rôle de l'Expert lorsqu'il ajoute :

« Des experts convoquent irrégulièrement les inculpés, se font donner verbalement ou par écrit toutes sortes d'explications... (V. *Journal officiel* du 19-12-1929).

Car il est au contraire du devoir le plus impérieux, le plus absolu de l'Expert de demander aux parties en cause « toutes sortes d'explications » et l'on ne comprend vraiment pas que l'Expert, de ce fait, puisse encourir de reproches, d'autant que la jurisprudence qui découle de la loi de 1897 lui permet de convoquer les inculpés hors la présence de leurs avocats.

Sur ce point d'ailleurs nous reconnaissons volontiers que les défenseurs peuvent craindre que les déclarations recueillies par l'Expert soient involontairement déformées surtout si cet Expert fait recueillir par un secrétaire les explications sollicitées, et nous ne verrions qu'un inconvénient d'ordre pratique à être dans l'obligation de rédiger après chaque conversation un procès-verbal soumis à la signature de l'intéressé. En ce qui nous concerne d'ailleurs, nous arrivons indirectement au résultat en priant toujours les parties qui comparaissent devant nous de nous adresser un mémoire écrit résumant leurs déclarations, en appuyant ce mémoire de toutes pièces justificatives utiles.

Ce procédé, s'il était généralisé, ou même imposé, donnerait tous apaisements aux défenseurs, d'autant que l'inculpé aurait le loisir de soumettre son texte à son Avocat.

Une autre critique a été faite concernant la façon dont les mandats des Experts sont exécutés et, de ces critiques, une récente circulaire de M. le Garde des Sceaux a recueilli les échos. Les Experts — dit-on — ont une tendance à étendre leur rôle. Et l'on est allé jusqu'à dire qu'ils allongeaient leur rapport en vue de la taxe à obtenir, critique qui ne mériterait d'ailleurs pas d'être relevée si elle n'avait été formulée du haut de la Tribune de la Chambre des Députés.

Or, si véritablement il en était ainsi, si l'Expert se laissait aller dans son rapport à des développements sans intérêt direct dans l'affaire examinée, le magistrat instructeur ou le Tribunal ne manquerait pas de le rappeler à une plus stricte observation de son mandat et éventuellement de se priver de ses services.

Par conséquent, de quelque manière que l'on envisage la question, il apparaît nécessaire de laisser à l'Expert une certaine initiative et tout en lui précisant l'énoncé du problème à résoudre, de lui laisser le choix de la solution à adopter.

*
* *

Du rapport présenté par l'Expert.

> « ... et de ses constatations dressera un rapport pour nous être transmis ..... »

L'Expert est donc amené, son étude terminée, à résumer dans un rapport écrit le résultat de ses constatations.

Ce rapport va être nécessairement la partie essentielle du dossier. Aussi importe-t-il de bien préciser les règles qui vont présider à son établissement. La formule classique communément adoptée lorsqu'on parle d'un rapport d'Expert est la suivante :

Un rapport d'Expert doit être purement objectif.

On dit aussi :

Un Expert ne doit pas formuler d'hypothèse.

Puis encore :

Un Expert n'a pas à apprécier le caractère légal des faits.

On dit encore bien d'autres choses, mais pour ne pas allonger outre mesure un rapport déjà bien long, nous nous en tiendrons à l'examen de ces trois ordres d'idées.

a) *Le rapport doit-il être purement objectif; le champ des hypothèses est-il rigoureusement interdit à l'Expert?*

Ici, il faut distinguer :

Si l'Expert ayant à examiner une difficulté d'ordre rigoureusement comptable se trouve en présence d'une documentation complète, si les parties, tout en étant en désaccord, cherchent de bonne foi la lumière et fournissent à l'Expert toutes les explications utiles, la formule ci-dessus peut être admise. L'expertise a alors la rigueur d'une résolution mathématique.

Mais il n'en est pas toujours ainsi, bien au contraire : Le plus souvent, l'une au moins des parties — parfois les deux — ne cherche en aucune façon à faciliter le travail de l'Expert.

La documentation n'est remise à ce dernier que partiellement, peu à peu, parfois seulement lorsque ses investigations l'amènent à démontrer l'existence de telle ou telle pièce.

Et alors comment conclure de façon purement objective, comment ne pas être amené à faire des hypothèses?

Certes, nous sommes bien d'accord que ce n'est qu'avec la plus grande circonspection qu'un Expert doit s'aventurer sur ce terrain. Mais enfin, il ne faut pas se payer de mots ou se bercer d'illusions : Lorsqu'un Expert a à rechercher la consistance d'un patrimoine à la suite d'une succession ou d'un divorce, par exemple, lorsqu'il a à préciser si tel fils prodigue doit être pourvu d'un conseil judiciaire, sur quoi l'Expert pourra-t-il se baser. Les quelques données imprécises qui lui seront fournies, les quelques comptes de banque, parfois les quelques livres de cuisine qui lui seront remis vont-ils lui permettre de baser objectivement ses conclusions?

Dans le domaine pénal, du moins, pourra-t-on éviter l'hypothèse dans tous les cas? C'est encore incontestablement par la négative qu'il faut répondre.

Pour préciser, sur ce point, notre pensée, on nous permettra de donner un exemple banal, en présence duquel tous les Experts se sont certainement trouvés :

Au cours de l'étude d'une affaire, on constate que le compte « Caisse » présente un solde créditeur. L'Expert va-t-il donc se contenter *objectivement* de dire « Il résulte de nos recherches que le montant des recettes s'est élevé à .... 25.000 francs tandis que celui des dépenses a atteint................. 30.000 francs

soit un excédent de dépenses de .... 5.000 francs

Voilà la constatation objective dans toute la rigueur du mot. Trouvera-t-on quelqu'un pour prétendre que l'Expert qui se contenterait de donner ainsi ses conclusions aurait rempli son mandat? Mais s'il en était ainsi, si le technicien, le praticien devaient se contenter d'une simple constatation matérielle des faits, ne serait-ce pas la négation de l'expertise; serait-il nécessaire d'avoir fait des études spéciales, d'avoir acquis une longue expérience des choses comptables pour venir simplement affirmer que 30.000 est plus grand que 25.000?

Non, l'Expert a un autre rôle à remplir, il faut qu'il indique pourquoi et comment la situation paradoxale qu'il a constatée peut s'expliquer. Pour cela, faute de précisions parfois, il sera dans l'obligation de se lancer dans des considérations hypothétiques. Et nous estimons même, au risque d'être accusé de nous complaire dans le paradoxe, que c'est pour lui un devoir impérieux que de le faire, à la condition bien entendu, qu'il examine *toutes* les hypothèses possibles, laissant au Tribunal le soin de déterminer, à la lumière de l'Instruction et des débats, celle de ces hypothèses qu'il y a lieu de considérer comme devant se rapprocher le plus de la réalité, et tout en donnant la préférence en matière correctionnelle à l'hypothèse la plus favorable à l'inculpé.

Evidemment, dans le cas que nous prenons comme exemple, si l'Expert se contente de poser comme un postulat qu'il résulte de la constatation faite, la preuve qu'il y a une majoration de dépenses de 5.000 francs, il pourra être critiqué. Mais si, au contraire, il expose impartialement que la situation anormale qu'il a révélée peut s'expliquer de différentes façons : majoration de dépenses, chevauchement de dates, omission de recettes, paiements inscrits sur le livre de caisse bien qu'effectués par le chef de maison de ses deniers personnels, etc..., il aura incontestablement mieux rempli son mandat qu'en s'en tenant à l'examen purement objectif des faits.

b) *L'Expert doit-il apprécier le caractère légal des faits constatés.*

Ici encore il importe de préciser : Dans sa circulaire du 3 Avril 1930, M. le Garde des Sceaux a indiqué que « le rôle des Experts n'était pas de formuler sur le caractère légal des faits constatés par eux des appréciations qui doivent être réservées aux Juges. »

Cette observation est parfaitement fondée. Le rôle de l'Expert-Comptable est d'apprécier les faits en technicien en dehors de toute considération juridique pure; notamment, l'Expert n'a nullement à qualifier les délits qu'il a pu signaler; le vocabulaire du code : escroquerie, abus de confiance, etc... ne doit pas intervenir dans la terminologie de l'Expert. *C'est au juge, non à l'Expert, nous l'avons dit, à situer la question dans le cadre qui convient,* et il est certain que lorsqu'un Magistrat, dans le réquisitoire qu'il adresse à l'Expert, lui donne mandat « d'apprécier si la plainte est fondée en *droit* et en fait », il abdique entre les mains de cet Expert une partie de ses pouvoirs.

Mais faut-il aller jusqu'à dire que l'Expert peut ignorer le Code? Nous ne le pensons pas. La connaissance des lois s'impose de plus en plus à l'Expert, comme la connaissance des rudiments de la comptabilité s'impose à l'Avocat. Cette connaissance des lois fait partie des données du problème à résoudre dont nous parlions plus haut. Concevrait-on un Expert-Comptable appelé à examiner une question de succession sans avoir aucune connaissance du code civil, ignorant ce qu'est un contrat dotal, ce qu'est un don manuel, n'ayant jamais entendu parler de quotité disponible ou de rapport?

Pourrait-on admettre qu'un Expert-Comptable, appelé par le Tribunal Correctionnel à étudier une question de Sociétés, ignore la loi de 1867, ne connaisse pas les caractéristiques du délit de distribution de dividendes fictifs?...

Admettrait-on qu'un Expert commis par le Juge-Commissaire d'une faillite n'ait aucune donnée précise sur les caractéristiques de la banqueroute simple et de la banqueroute frauduleuse?

Il ne semble pas que la question puisse sérieusement se discuter : s'il n'a pas à prendre position juridiquement, l'Expert doit cependant examiner les faits en tenant compte de la prévention envisagée ou des éléments du procès engagé.

Et, il nous est agréable de constater que notre opinion est partagée, sur ce point, par M⁰ Hesse, Député qui dans le discours auquel nous avons déjà fait allusion, a fait, à côté de critiques excessives, ces observations particulièrement judicieuses :

« Il faudrait, d'autre part, bien qu'il ne soit pas chargé de régler les questions de droit, exiger de l'Expert-comptable qu'il ait fait des études juridiques parce qu'une affaire peut ne pas se présenter seulement sur le plan comptable, *il faut qu'elle soit dirigée, au point de vue juridique, dans un certain sens...* »

*
* *

De la longueur des rapports.

Une réflexion de l'un de nos Collègues nous amène à examiner cette question. Au surplus il n'est peut-être pas sans intérêt d'y revenir puisque la question, nous l'avons vu, a été également touchée à la Tribune de la Chambre.

Donc notre correspondant nous écrit :

« J'ai encore sous les yeux un rapport de 800 pages aussi inutile que ridicule. Il pouvait être résumé en 100 pages. Rien que du remplissage et du bafouillage pour faire du volume. Alors convenons que les Anglais nous sont supérieurs... »

Eh bien non, Mon Cher Collègue, tout en reconnaissant qu'il y a encore beaucoup à faire chez nous au point de vue de l'organisation comptable, je n'accepte pas la hiérarchie que vous envisagez. Car si par delà la Manche il y a d'excellents Experts, nombreux sont les Experts français qui ne leur cèdent en rien.

En tout cas, il me paraît surtout inadmissible de baser une appréciation sur le nombre de pages d'un rapport.

Notre collègue nous indique encore à ce sujet, avec peut-être un peu d'exagération :

« J'ajoute que dans les Pays étrangers les rapports d'expertise ont entre 30 et 100 pages maximum, même pour une affaire importante. En France ils comportent de 100 à 1.500 pages partagées en plusieurs volumes... »

Et nous ne pouvons que regretter qu'une pareille critique ait pu être faite.

Personnellement nous avouerons encore avoir commis quelques longs rapports (sans atteindre cependant les chiffres astronomiques de 800 à 1.500 pages), mais nous avons l'outrecuidance de penser que ce n'est pas ce seul fait qui nous placera au-dessous du dernier « chartered » anglais.

Nous considérons en effet qu'en matière d'expertise « être bref » ne veut pas dire nécessairement « être court ». A notre avis cela signifierait simplement « ne rien dire d'inutile », mais par ailleurs « dire tout ce qui est utile ».

Or, suivant l'ampleur et la complexité de l'affaire il peut y avoir beaucoup de choses à dire et le rapport peut être très long, même « sans remplissage et sans bafouillage ».

Nous allons jusqu'à penser qu'en matière d'expertise la trop grande concision n'est pas une qualité. Car enfin l'Expert n'est pas un personnage appelé, tel saint Louis, à rendre la justice sous un chêne et à décider sans appel quelle est des parties, celle qui doit succomber.

Son rapport n'est qu'une contribution à la recherche de la Vérité. Ce rapport doit pouvoir être examiné, discuté, critiqué tant par le Tribunal que par l'accusation et par la défense. Il doit donc être aussi clair, aussi détaillé que possible. L'Expert qui a passé parfois des mois à étudier l'affaire, à compulser la documentation ne doit pas perdre de vue que le Président qui sera amené à diriger les débats à l'audience n'aura, le plus souvent, en mains que le dossier. Il faut donc que ce président trouve dans le rapport les éléments suffisants pour établir sa conviction. Or, condenser un rapport à l'excès n'est-ce pas risquer de le rendre moins compréhensible ?

Nous considérons même à ce sujet qu'un rapport doit permettre, dans certains cas, de suivre en quelque sorte l'évolution de l'état d'âme de l'Expert. Ainsi dans certaines affaires correctionnelles notamment, les faits délictueux apparaissent pour ainsi dire d'eux-mêmes ; dans d'autres affaires, au contraire, le délit n'est décélé qu'après de longues et patientes recherches. Or, au point de vue de l'appréciation des faits il y a une distinction à faire entre celui qui ayant commis une irrégularité n'a pas tenté de la dissimuler et celui qui, au contraire, a mis en œuvre les ressources d'un art comptable consommé pour masquer les détournements commis par lui. Et si l'on examine la question sous cet angle, on doit admettre que lorsqu'un Expert a, au début de ses recherches, douté de la culpabilité de l'inculpé et que ce n'est que peu à peu, après avoir étudié l'affaire sous toutes ses faces qu'il a été amené à la conviction que la plainte était fondée, il est intéressant que l'on puisse dans son rapport suivre ce que nous venons d'appeler l'évolution de son état d'âme.

Nous entendons bien la dernière objection : Mais les rapports trop longs ne sont pas lus. Ceci est une autre histoire qui ne nous intéresse pas ici où nous parlons du devoir des Experts.

*
* *

De la pluralité des Experts.

> " Article 303 du Code de Procédure civile : L'expertise ne pourra se faire que par trois Experts, à moins que les parties ne consentent qu'il soit procédé par un seul... "

L'idée qui a présidé à la confection de cet article est évidemment, en théorie excellente, trois Experts valant mieux qu'un.

Pratiquement que vaut cette idée? Rien ou pas grand'chose.

Remarquons d'abord que lorsque trois Experts sont nommés, ils sont tous trois désignés par l'autorité qui les commet. Nous ne considérons pas ici un arbitrage dans lequel chaque partie désigne l'Expert qui le représentera aux débats et fixe à l'avance le nom du tiers Expert qui départagera ses Collègues en cas de désaccord.

Dès lors quel intérêt peut-il y avoir à nommer trois Experts? Nous n'en voyons aucun. Dans la plupart des cas, en effet — nous ne disons cependant pas dans tous les cas — que se passe-t-il? On ne peut évidemment demander aux Experts de se rencontrer à heure fixe, d'étudier en commun chacune des pièces du dossier, chacun des documents produits, de rédiger en commun, phrase par phrase, le rapport à établir.

L'expertise alors a lieu de la façon suivante : L'un des trois Experts prend l'affaire en mains, l'examine en détail, et après avoir consulté ses Collègues sur les points délicats, il rédige le rapport et le leur soumet. Il faudrait à ce moment là que le deuxième, puis le troisième Expert reprenant l'affaire «ab ovo», établissent eux-mêmes un projet de rapport, et le rapport final devrait être, en fait, la condensation des idées émises par chacun.

Les choses se passent parfois ainsi. Mais très souvent lorsque le premier Expert a étudié l'affaire, ses Collègues qui lui ont fait confiance se contentent d'un examen beaucoup plus superficiel, parfois d'une simple lecture du rapport qu'ils vont signer.

En signalant ces pratiques, vicieuses certainement, mais combien humaines, nous ne dévoilons d'ailleurs aucun secret professionnel. Dans une affaire retentissante dont les journaux de la Capitale se sont emparés avec fracas, on a déjà vu trois Experts mis en fâcheuse posture devant le Tribunal parce que deux des trois Experts commis n'avaient conservé qu'un trop vague souvenir de l'affaire.

Dès lors, revenant sur ce que nous disions plus haut, au lieu de nous contenter d'affirmer que nous ne voyons aucun avantage dans la pluralité des Experts, nous dirons que nous y voyons même des inconvénients. Inconvénients parce que la partie intéressée, faisant état de l'ignorance dans laquelle se trouvera l'un ou l'autre des Experts, contestera toute valeur à l'expertise, inconvénients parce que toute expertise dans laquelle il y aura plusieurs Experts demandera malgré tout plus de temps que si l'examen est confié à un Expert unique, inconvénients parce que les Experts peuvent être en désaccord et, de ce fait, fournir un rapport dans les conclusions duquel ils ne prendront pas nettement position, inconvénients encore parce que les frais de l'Expertise seront nécessairement plus élevés. Enfin, autre inconvénient qui n'est d'ailleurs pas le moindre : Les Experts désignés peuvent être, sinon de moralité, du moins de mentalité et peut-être de compétence différentes, et on va imposer cependant à ces Experts une sorte d'association temporaire, on va les obliger à apposer côte à côte leurs signatures sur un même document...

Nous sommes donc résolument hostiles à la désignation, dans une même affaire, de plusieurs Experts, et nous préférons de beaucoup le travail individuel permettant de prendre, au grand jour, ses responsabilités.

Et au point de vue de la recherche de la Vérité, on arrivera d'ailleurs certainement à un meilleur résultat en envisageant éventuellement une Expertise et une contre-expertise distinctes.

Bien entendu ce que nous disons ne s'applique qu'aux expertises dans lesquelles il est nommé trois Experts-Comptables, car on peut évidemment admettre une expertise dans laquelle seraient désignés, par exemple, un ingénieur, un architecte et un Expert-Comptable. Encore préférerions-nous, même dans ce cas, la désignation d'un Expert unique avec faculté d'emploi de sapiteurs au besoin nommément désignés.

V

Des conditions
dans lesquelles l'Expert-Comptable
est amené à soutenir ses conclusions

L'Expert a donc exécuté son mandat, il a établi ses conclusions et rédigé son rapport. Que va-t-il advenir de ce travail?

A l'Instruction.

Son rapport terminé, l'Expert-Comptable le dépose entre les mains du Magistrat Instructeur qui l'a commis. Le Juge d'Instruction, après avoir pris connaissance du travail de l'Expert, procède aux divers actes d'Instruction qu'il juge nécessaire : interroge les uns, reçoit les dépositions des autres, fait les confrontations utiles, puis transmet le dossier qui est définitivement réglé. Dans ce cas l'Expert, après dépôt de son rapport, n'entend plus parler de l'affaire jusqu'à l'audience.

Cette procédure est normale pour autant que le rapport de l'Expert n'a pas soulevé de trop vives critiques et que l'inculpé s'est contenté dans son interrogatoire d'une réfutation sommaire qui aura son développement devant le Tribunal.

Mais il arrive fréquemment que l'une des parties en cause, non satisfaite des conclusions de l'Expert, remet à l'Instruction un mémoire parfois fort long et où le plus souvent d'ailleurs l'Expert n'est pas traité avec une bienveillance excessive...

Or, dans ce cas, nous estimons qu'il devrait être de règle absolue que ce mémoire soit soumis à l'examen de l'Expert. On ne saurait admettre, en effet, que l'Expert puisse être critiqué, discuté, insulté parfois, on ne saurait accepter que par de savantes coupures on lui fasse dire ce qu'il n'a jamais dit, sans le mettre à même de réfuter les critiques ou de rétablir les faits.

*
* *

A l'audience du Tribunal Correctionnel.

Jusqu'au dépôt de son rapport l'Expert a donc été le collaborateur des Magistrats. C'est à lui que l'on a fait confiance, à lui que l'on a donné la mission délicate de découvrir la vérité, de faire la lumière. L'Expert joue alors le rôle d'un véritable « deus ex machina ».

Mais dès que le dossier est réglé, tout change : l'Expert n'existe plus, il fait place au témoin. A ce titre, quelques jours avant l'audience, il reçoit communication d'un avertissement lui enjoignant de « comparaître devant le Tribunal Correctionnel pour faire sa déclaration sur les faits à sa connaissance... »

Et l'assignation ainsi donnée prend soin de préciser que « faute de comparaître, le témoin y sera contraint même par corps... »

Question de pure forme dira-t-on, à laquelle il n'y a pas lieu de s'arrêter. Qu'importe que l'Expert soit convoqué suivant la même formule que s'il était un témoin ordinaire, c'est avoir l'esprit bien chagrin que d'en prendre ombrage.

A s'en tenir à une simple question de style, celui qui formulerait cette observation aurait parfaitement raison.

Mais attendons la fin.

Le jour de l'audience arrive. Les avocats sont à leur poste de chaque côté de la barre, l'inculpé — j'allais écrire l'Expert — a pris place sur le banc des accusés.

« Appelez les témoins » ordonne le Président.

Et l'Expert est appelé avec les autres témoins.

« Faites sortir les témoins ». Et l'Expert, qui parfois est entendu le dernier, sort avec les autres témoins.

Ainsi donc, celui qui a été honoré de la confiance du Juge, celui qui, au cours de ses investigations, a convoqué peut-être certains de ces témoins, qui a discuté avec eux, qui a enregistré leurs déclarations, ne peut suivre les débats, ne peut relever les inexactitudes qui pourront être commises au cours des dépositions. Et cependant, on sait que les témoins n'ont pas toujours à la barre la même attitude que devant l'Expert.

Mais, ce n'est pas tout. Poursuivons l'audience. L'Expert est enfin appelé à la barre et, n'était la gravité du sujet, nous nous permettrions de dire qu'on assiste alors à une véritable farce.

S'il s'agit surtout d'une affaire importante ayant provoqué l'intervention de nombreux Avocats, que va-t-il se passer ?

Remarquons d'abord que le rapport de l'Expert a été examiné, pesé, commenté, critiqué longuement par les parties et leurs conseils, en dehors de l'Expert qui ne sait pas quels sont les points sur lesquels la bataille va s'engager. Cependant la défense a dressé ses batteries, elle a repéré les points sur lesquels elle espère avoir plus facilement raison des conclusions qui lui sont défavorables.

Le mal ne serait pas grand d'ailleurs si l'Expert disposait de toutes ses armes. Mais, il n'en est rien, *et c'est là véritablement que s'impose une réforme, dans l'intérêt même de la justice.* En effet, l'Expert s'avance à la barre. Il n'a en mains aucune note, aucun document. Il va faire au Tribunal « sa déclaration sur les faits à sa connaissance ». Les Avocats se rapprochent pour ne pas perdre une seule parole, un seul mot de cette déclaration. Si l'Expert allait se contredire ! S'il avait une défaillance de mémoire !...

Et voilà un homme qui pendant des mois et des mois parfois a étudié une affaire, a examiné des documents, un expert qui dans un rapport important « bourré de chiffres », suivant une formule consacrée, a résumé le fruit de ses recherches, qui est appelé à la barre, parfois plus d'un an après le dépôt de son rapport et à qui on demande de connaître, en quelque sorte par cœur, tous les termes, tous les chiffres de son rapport !

L'Expert cependant fait sa déposition. Il résume les indications données dans son travail, et met en lumière les faits essentiels. Le Président, avec bienveillance, complète ces indications en donnant lecture de-ci, de-là, de certains passages du rapport. La déposition plus ou moins longue est enfin terminée. Jusque-là tout s'est à peu près bien passé.

« Pas de questions à poser à l'Expert » dit le Président.

Et c'est alors la bagarre. Les Avocats bondissent, sortent leurs notes et cherchent par des questions insidieuses, parfois tendancieuses, à mettre l'Expert en contradiction avec lui-même, à lui faire dire ce qu'il n'a jamais dit.

« L'Expert peut-il nous dire si...

« L'Expert peut-il affirmer que...

« L'Expert peut-il nous indiquer si à telle date...

« L'Expert a-t-il eu connaissance de tel fait...

Et s'il s'agit d'un fait peu important, d'un fait que l'Expert a signalé dans son rapport et dont il n'a pas conservé le souvenir, malheur à lui s'il répond négativement à la question ainsi posée. Brandissant le propre rapport de l'Expert, le Défenseur aura tôt fait de démontrer l'insuffisance de ce mandataire de justice incapable de maintenir à la barre ce qu'il a indiqué dans son rapport.

Eh bien ! véritablement, peut-on admettre un pareil procédé de discussion. D'une part un, souvent plusieurs Avocats sont là : leurs volumineux dossiers bien classés sont étalés sur la barre, le Dalloz est là, les codes sont à leur disposition ; ils viennent d'étudier l'affaire, ils la connaissent à fond de fraîche date. De l'autre côté l'Expert : il est là aussi, soumis aux feux croisés de ses adversaires et rien, pas même son rapport, pour préciser sa pensée, pour préciser un chiffre, pour réfuter un argument.

Enfin ce simulacre de discussion achevé, la parole est donnée aux défenseurs. Ceux-ci donnent alors libre cours à leur éloquence, le rapport de l'Expert est déchiqueté, discuté. Parfois, il faut le reconnaître, l'Avocat, de très bonne foi, a mal traduit ou mal compris les explications techniques, forcément arides, données par l'Expert. Et ce dernier voit ses arguments s'émousser, ses théories se déformer, il assiste impuissant à l'anéantissement de son œuvre de justice.

Et cependant parfois, d'un mot, il pourrait ramener le débat à ses véritables proportions, d'une phrase, éclairer la lanterne.

Mais non, les droits sacrés de la Défense interdisent, paraît-il, à un Expert d'interrompre une plaidoirie ou de prendre la parole après l'avocat, cependant que ces mêmes droits sacrés autorisent, paraît-il aussi, le défenseur à attaquer, souvent sans aménité, parfois avec violence, l'Expert qui a été amené à donner tort à l'inculpé. Parfois, il est vrai, l'Expert trouve un défenseur dans l'Avocat de la partie civile, mais lorsqu'aucune partie civile ne s'est constituée l'Expert, mandataire de justice cependant, reste en proie aux sarcasmes et à l'ironie..., quelquefois pis.

Évidemment, et nous le reconnaissons bien volontiers, il n'en est pas toujours ainsi et nous connaissons nombre d'Avocats dont la courtoisie égale le grand talent.

Mais nous examinons la question d'une façon générale et si nous admettons en toute impartialité que certains rapports peuvent mériter des critiques, nous devons dire que ces critiques sont quelquefois présentées avec trop d'arimonie. Une différence de conception, d'interprétation ne justifie pas des attaques virulentes. *Le parti pris seul, s'il ressort avec évidence du rapport présenté, peut donner lieu à des critiques qui, celles-là, ne seront jamais assez sévères.*

Mais, de toute façon, et nous nous excusons d'insister sur ce point, nous considérons comme indispensable, en nous plaçant uniquement au point de vue de la Justice, qu'il s'établisse devant le Tribunal, non pas un semblant de discussion, mais une discussion véritable et approfondie, que l'Expert continue à être Expert, *qu'il se présente à la barre son dossier et son rapport en mains et qu'il puisse éventuellement consulter l'un et l'autre avant de répondre à la question posée.*

Nous connaissons une affaire portant sur des questions fort délicates dans laquelle l'Expert s'est trouvé en présence de 108 plaignants. Comment, dans ces conditions, soutenir avantageusement la discussion.

Cette question si importante préoccupe d'ailleurs, à juste raison, tous les Experts, et nous avons sur ce point recueilli des avis unanimes.

M. Reymondin, dont il est devenu superflu de vanter le dévouement à la cause comptable, de sa plume un peu acerbe, nous écrit :

« A signaler en outre qu'à la barre, alors que les avocats s'aident de tous les documents qu'ils ont recueillis, l'Expert doit résumer de mémoire son rapport, bourré de chiffres, sans s'aider d'aucune note, anomalie encore plus grotesque que la précédente. Et cela dure depuis toujours. Le Français qui habite la Ville dite Lumière aime, paraît-il, la clarté. On ne s'en douterait vraiment pas. »

Oui, hélas ! cela dure depuis toujours. Et il serait temps que cela cesse. C'est pourquoi la *Fédération des Compagnies d'Experts-Comptables de France et des Colonies* doit faire entendre sa voix.

Notre excellent collègue Leblanc, qui fut Membre de la Commission de préparation du Brevet d'Expert-Comptable, et qui ne compte parmi nous que des amis, nous indique, de son côté :

« En matière pénale, on est souvent obligé de soutenir son rapport, mais le reproche que je fais à la procédure pratiquement adoptée, c'est qu'il est défendu à l'Expert d'apporter la copie de son rapport, ou même d'avoir des notes pour s'y référer et qu'il doit tout discuter de mémoire, même quand l'affaire vient 6 mois, un an ou même plus après... »

La Compagnie des Experts-Comptables de Rouen, sur ce point, signale :

« ... Dans le cas où l'avocat de l'accusé prendrait l'Expert à partie sur des questions de détail, le renvoyer aux termes de son rapport, étant donné qu'il est obligé de déposer, sans avoir sous les yeux son rapport... »

La Compagnie des Experts-Comptables de Strasbourg fait, sur la question, de très judicieuses observations !

« Il serait utile que l'Expert ne soit pas considéré comme un témoin ordinaire et puisse consulter son rapport ou son dossier le cas échéant. Il est entouré de un, deux ou trois avocats qui peuvent consulter leur documentation et qui lui font poser des questions insidieuses, préparées à l'avance et formulées de façon qu'il réponde dans le sens attendu par l'Avocat; de même le tribunal est amené également à poser certaines questions particulières, afin d'éclaircir tel ou tel point suivant l'angle sous lequel on le considère, or, tout le monde n'a pas le don de la répartie immédiate ou de la réflexion rapide, et il peut arriver que l'intéressé, même connaissant à fond l'affaire, réponde d'une façon qui n'exprime pas tout à fait sa pensée ou qui soit différente de ce qu'il aurait dit si on lui avait laissé quelques minutes de réflexion, ou la possibilité de revoir son dossier; la façon de procéder actuellement, bien que dictée par le souci d'obtenir des réponses spontanées, peut donc être contraire à l'intérêt d'une saine justice, le Tribunal n'ayant pas à prendre vis-à-vis d'un Expert qui doit jouir, par sa profession même, d'une certaine confiance, les mêmes précautions qu'avec un témoin ordinaire... »

Nous jugeons inutile de prolonger nos citations ou de continuer la discussion. La déclaration ci-dessus, à laquelle nous applaudissons, résume, en fait, parfaitement la question.

Nous ajouterons cependant encore un mot : Lorsque les dossiers que les Avocats remettent aux Juges après plaidoiries contiennent des notes, mémoires ou dires réfutant — ou tentant de réfuter — le rapport de l'Expert, il serait indispensable, avant de prononcer le Jugement, de soumettre ces notes à l'Expert pour avis.

*
* *

De la production à l'audience de pièces non soumises aux Experts.

Autre question d'importance capitale. L'Expert avant d'entreprendre son travail cherche à se documenter, il réclame aux parties en cause toutes les pièces utiles à la manifestation de la Vérité.

Or, qu'arrive-t-il? Après avoir soigneusement trié les pièces de son dossier, l'inculpé remet à l'Expert quelques documents sporadiques et déclare ne plus rien avoir en sa possession. Mais le jour de l'audience, l'Avocat de l'inculpé, de cet inculpé qui n'avait plus aucune pièce en mains, étale aux yeux étonnés de l'Expert un volumineux dossier et fait défiler devant le Tribunal une série de documents qui n'ont pas été versés à l'Expertise.

Voilà encore une pratique essentiellement condamnable. *Il n'est pas possible d'admettre lorsqu'un Expert a été commis, que toutes les pièces du dossier ne passent pas au crible de son expertise.*

*
* *

A la Cour d'Assises.

Les observations précédentes s'appliquent incontestablement aux dépositions que l'Expert est appelé à faire à la Cour d'Assises. Peut-être même sont-elles encore plus fondées devant cette juridiction.

En effet, ce n'est plus à des Magistrats de carrière, habitués à juger, ayant acquis l'expérience des choses et ayant surtout pu étudier le dossier avant l'audience que s'adresse l'Expert, c'est à un groupe d'hommes honnêtes, honorables certes, mais qui, désignés par le sort, pourront être absolument incompétents en matière comptable, que s'adresse l'Expert.

Que vaut cette semi-conférence ainsi faite par l'Expert devant les Jurés qui l'écoutent sous le masque de la plus absolue impassibilité : le Jury aura-t-il compris, sera-t-il convaincu par des explications restées nécessairement dans les généralités ? Mystère !

D'ailleurs que surnagera-t-il de ces explications lorsqu'elles auront été submergées, noyées au cours de plusieurs heures de plaidoiries ? Ne serait-il pas ici encore préférable d'instaurer entre Ministère Public, Avocats et Experts une discussion loyale — quitte bien entendu à laisser le dernier mot à la Défense — plutôt que d'envisager en somme une série de monologues successifs. Cela serait d'autant plus nécessaire que dans cette sorte de joute oratoire, l'Expert qui, cependant représente la Justice, est encore en mauvaise posture par rapport à la Défense.

En effet, l'Expert doit nécessairement déposer avec calme et pondération. Il ne peut, il ne doit pas rechercher les effets oratoires. Sobre de gestes, la voix calme et posée, il expose, il ne déclame pas. Quel contraste avec l'Avocat d'Assises, tour à tour cinglant, émouvant, pathétique, ponctuant ses phrases, scandant ses mots, allant parfois, comme la Malibran, « jusqu'à verser de vrais pleurs » sur la barre.

*
* *

Au Tribunal Civil.

Ici, la question ne se pose plus comme précédemment. Cette question est, en effet, résolue, mais résolue par l'absurde : L'Expert n'est ni convoqué ni entendu.

Après que cet Expert a déposé son rapport au greffe du Tribunal, il n'entend plus parler de rien et ne connaîtra la suite donnée à l'affaire que par hasard, généralement par l'Avocat qui aura eu gain de cause au procès.

Ainsi donc, la situation se présente ainsi : Le Tribunal a jugé opportun d'obtenir certains éclaircissements sur une affaire complexe. A cet effet, il a nommé par Jugement un Expert chargé d'étudier la question.

Or, il est possible que certains des points examinés — et justement peut-être du fait de la condensation excessive du texte — n'apparaissent pas comme lumineusement démontrés. Toutefois, l'Expert peut avoir dans son dossier des éléments d'appréciation, il se peut donc parfaitement qu'il soit dans la possibilité, par une simple observation, d'éclairer la partie obscure de son rapport. Et bien, non, on ne lui demandera aucune explication, il ne sera même pas cité à la barre. Le Tribunal se contentera de son rapport, tel qu'il a été rédigé et acceptera peut-être l'interprétation totalement inexacte que l'une quelconque des parties pourra donner de ce rapport ou de ses conclusions.

Sur ce point encore, la Compagnie de Strasbourg est en communion d'idées avec nous :

« En général — dit-elle — l'Expert après avoir déposé son rapport n'a plus de nouvelles de l'affaire, à moins que l'on ait quelques précisions à lui demander par la suite. Or, il peut arriver que les Avocats donnent à certains points du rapport de l'Expert une interprétation conforme à leurs désirs, mais qui peut cependant être erronée. Il serait peut-être utile que l'Expert ait connaissance des conclusions rédigées par les Avocats à la suite du dépôt de son rapport, afin de redresser les erreurs d'interprétation qui auraient pu être commises éventuellement de façon à ne pas faire dire aux chiffres autre chose que ce qu'ils disent. »

****

A la Cour d'Appel.

La question, à la Cour, se pose comme précédemment.

Parfois, il est vrai, mais très rarement, le Conseiller rapporteur fait appeler l'Expert. Parfois encore l'Expert est cité par l'une des parties qui peut obtenir de la Cour l'audition régulière de l'Expert.

Mais ce ne sont là que des exceptions.

En règle générale, l'Expert n'est pas cité à la Cour. Et l'on assiste toujours à ce spectacle paradoxal :

Le mandataire chargé par la Justice de faire la lumière reste soumis à la critique plus ou moins vive dont nous avons parlé, sans même pouvoir défendre ses propres conceptions devant le Tribunal ou la Cour qui cependant ont mis en lui leur confiance.

****

Au Tribunal de Commerce.

Au Tribunal de Commerce les mêmes errements sont suivis. Les mêmes critiques d'ordre général sont donc justifiées.

Mais de plus, il faut signaler ici certaines particularités. Dans certaines régions, les expertises ne sont pas confiées aux Experts-Comptables. Ce sont les secrétaires de chambre qui cumulent les fonctions d'arbitres rapporteurs et celles d'Experts. Ces arbitres confient alors les études comptables qu'ils peuvent avoir à faire à des comptables de leur choix, qui ne sont d'ailleurs pas toujours des Experts et dont ils homologuent en fait les conclusions.

Cette pratique apparaît incontestablement encore comme vicieuse. Il serait à souhaiter que les secrétaires de chambre n'interviennent que dans les questions purement juridiques, et que le Tribunal lui-même désigne nominalement, dans son jugement, l'Expert-Comptable à qui il entend confier le soin de procéder aux recherches n'étant pas de la compétence directe de l'arbitre désigné.

Ici, nous tenons à souligner que nous sommes bien loin, en écrivant ces lignes, d'avoir en vue l'intérêt particulier des Experts-Comptables, de chercher à ramener vers ceux-ci une clientèle qui leur échappe. Nous n'envisageons que l'intérêt supérieur du justiciable qui a le droit d'exiger que justice lui soit rendue par des gens de compétence éprouvée et reconnue.

Nous ne mentionnerons que pour mémoire les expertises devant les Juges de Paix, les Conseils de Prud'hommes, les Conseils de Préfecture... Devant ces juridictions les expertises, d'ailleurs rares, s'effectuent suivant les errements précédemment critiqués.

VI

Des lenteurs des expertises

On a souvent reproché aux Experts-Comptables la lenteur de leurs travaux.

Ce reproche est-il fondé?

L'impartialité dont nous ne nous sommes jamais départi, nous fait un devoir de répondre qu'en effet, dans certains cas, les rapports d'Experts pourraient être établis plus rapidement.

Il est certain, en effet, que si l'on envisageait un Expert n'ayant jamais en mains qu'un seul dossier, l'expertise pourrait être faite beaucoup plus rapidement qu'elle ne l'est le plus souvent. Mais pour qu'un Expert puisse ainsi n'avoir qu'un seul dossier à examiner, sans avoir à se préoccuper du lendemain, sans avoir à se demander comment il fera vivre sa famille lorsque son rapport sera déposé, il serait indispensable qu'il ait l'assurance que dès achèvement de l'Expertise en cours, un autre dossier lui sera confié.

Or, aucun Expert — si bien coté soit-il — ne peut ainsi avoir la sécurité du lendemain. Sur ce point on a dit, et l'expression est fort juste : « *Dans l'Expertise pour avoir assez de travail, il faut en avoir trop.* »

Dès lors, l'Expert est dans l'obligation de s'assurer, au dehors, un aliment à son activité : Il aura différents travaux, différents rapports en cours. D'où nécessairement un certain retard dans l'accomplissement de ces travaux, ou dans la confection de ces rapports.

De ce retard, nul ne saurait lui tenir rigueur, à la condition toutefois qu'il ne soit pas excessif.

Mais ce qu'il importe de souligner c'est qu'indépendamment de la cause de retard que nous venons de signaler, il en existe beaucoup d'autres inéluctables qui justifient encore moins les reproches faits aux Experts. Nous n'en citerons que deux, les deux principales :
— difficulté et longueur des recherches ;
— difficulté pour obtenir la documentation.

*
* *

Difficulté des recherches.

Ici nous posons d'abord en principe qu'il n'y a pas, surtout en matière correctionnelle, de grosses et de petites affaires. *Lorsque l'honneur de quelqu'un est en jeu la position sociale de l'inculpé ne compte pas, les chiffres eux-mêmes n'ont qu'une valeur relative.* L'essentiel est d'arriver à la conviction, d'administrer la preuve de l'innocence ou de la culpabilité.

On conçoit aisément que, basée sur ce principe, une expertise puisse parfois demander un temps considérable, même lorsqu'il s'agit d'une affaire paraissant n'avoir que peu d'importance.

D'autre part, il arrive souvent, hélas! que la comptabilité à expertiser est tenue dans des conditions tellement déplorables que l'Expert se trouve dans l'obligation absolue, pour pouvoir répondre aux questions qui lui sont posées, de procéder à une véritable reconstitution de cette comptabilité. On voit où peut conduire un pareil travail.

Par ailleurs, lorsqu'il est demandé à un Expert de rechercher les irrégularités, ou les détournements commis par tel inculpé, pendant la période non prescrite, ou d'établir la sincérité des bilans présentés…,cet Expert ne se trouve-t-il pas dans l'obligation d'examiner à lui seul une comptabilité sur laquelle parfois 10, 15 employés, ou plus, ont travaillé pendant 3 ans.

Comment est-il possible, tenant compte de ces considérations, que certains jugements, certains arrêts impartissent à l'Expert un délai de deux ou trois mois, par exemple.

« Automobilistes attention : Vitesse maximum 8 kilomètres à l'heure » disent certains tableaux à l'entrée de certains villages…

*
* *

Difficultés pour obtenir la documentation.

Indépendamment des faits mentionnés au précédent paragraphe, le retard apporté par l'Expert à l'achèvement de son travail est encore dû, très fréquemment, aux difficultés qu'il rencontre pour obtenir la documentation nécessaire à son étude.

Ces difficultés il les éprouve d'ailleurs très souvent des deux côtés à la fois. En matière correctionnelle même, il arrive fréquemment que la partie civile n'a pas plus de hâte que l'inculpé à fournir à l'Expert les différents éléments utiles. Nul n'ignore, en effet, que souvent la plainte avec constitution de partie civile est un véritable moyen de pression destiné à faciliter une transaction, à l'imposer parfois.

Et alors la partie civile n'a pas intérêt à ce que l'Expert dépose trop rapidement son rapport.

Mais en dehors des difficultés que l'Expert peut ainsi rencontrer dans ses relations avec les parties directement en cause, il faut encore signaler que l'Expert est amené fréquemment, au cours de ses investigations, à s'adresser à des tiers. Alors...? N'avez-vous pas remarqué avec quel ensemble touchant se ferment les portes des diverses administrations, des divers grands établissements, lorsque l'on s'adresse à eux au nom de la Justice? Que d'étapes à franchir. D'abord, on vous demande communication, puis copie du jugement qui vous nomme, ou du réquisitoire qui vous commet.

Puis la question est soumise au service du Contentieux. Un jour — qui vient d'ailleurs lentement — vous êtes convoqué par le dit service. Le Chef, grave et docte personnage, vous reçoit. Allez-vous obtenir le renseignement cherché? Non pas. Le Chef de Service du Contentieux vous fait une longue théorie sur le secret professionnel, se déclare incapable de trahir le dit secret sans autorisation de l'administration centrale. Il vous annonce d'ailleurs que, de toute façon, au cas où l'administration centrale autoriserait la communication demandée, il y aurait lieu d'envisager le paiement préalable des frais nécessités par les recherches à faire dans la poussière des archives.

Huit ou quinze jours après, l'administration répond favorablement; les recherches sont alors commencées; plusieurs jours se passeront encore avant que vous ayez le renseignement attendu.

Plus d'un mois se sera ainsi écoulé entre le moment où vous avez posé la question et celui où vous avez reçu la réponse.

Exagération, dira le courageux lecteur de ce rapport, s'il arrive jusqu'à ce passage.

Non, expression rigoureuse de la Vérité !

Et il nous sera permis de citer à l'appui de notre affirmation deux faits *réels* :

a. Ayant constaté un paiement anormal de frais de transport, nous écrivons à une gare pour lui demander de nous fixer sur le montant encaissé par elle, à une date déterminée.

La première lettre est du 28 *janvier*.

Le 31 janvier, réponse de la gare nous demandant des renseignements complémentaires.

Le 7 février, il est donné satisfaction à la demande de la gare.

A ce moment-là, la gare consulte le service central.

Le 21 février, la gare répond : « ... qu'elle ne peut répondre devant observer la plus stricte neutralité » (?)

Le 24 février, il est rendu compte au Juge de cette réponse, après protestation auprès de la Gare.

Le 26 février, la gare donne satisfaction partielle à la demande formulée, et la correspondance continue jusqu'au 8 *mars*.

Ainsi donc, malgré la diligence faite, l'Expert, pour obtenir un simple renseignement épisodique, mais nécessaire, a attendu du 28 janvier au 8 mars.

b. Autre exemple. Il s'agissait de rechercher l'origine de propriété de bons du Crédit National.

Le 4 juillet, il est demandé à cet établissement des précisions concernant le nom du souscripteur d'origine.

Demande de communication du Jugement.

Satisfaction est donnée à cette demande.

Le 29 août, le Crédit National indique que les titres ont été remis, à l'émission, à la Société Générale.

Le 31 août, demande à la Société Générale de Marseille, relativement à la cession effectuée par elle de ces titres.

Le 21 septembre réponse de la Banque : Elle n'a jamais eu en mains les titres indiqués.

Demande immédiate à la Société Générale à Paris.

Le 22 octobre cet établissement financier nous indiquait qu'il allait faire effectuer les recherches utiles.

Le 29 octobre nous étions avisés que les titres avaient été remis à Messieurs P. H. Banquiers à Paris.

Sur notre demande ces derniers nous avisent, le 2 novembre, que les mêmes titres avaient été transmis à M. D. à Paris.

Sur une nouvelle demande adressée à M. D., nous apprenions que les titres avaient été cédés par D. à une Société de Banque à Marseille.

Les recherches faites auprès de cette banque nous apprirent que les titres avaient été souscrits par un Monsieur T, démarcheur dans une autre Banque et qui avait dû placer ces titres chez ses amis.

Or, M. T., convoqué le 27 novembre reconnaissant avoir souscrit les titres envisagés, déclarait cependant ne pouvoir préciser entre les mains de qui il les avait répartis.

Ainsi donc voilà des recherches poursuivies inlassablement du 4 juillet au 27 novembre et qui aboutissent au néant.

Et cependant n'était-il pas du devoir absolu de l'Expert de poursuivre jusqu'au bout ses investigations ?

Et voilà pourquoi les expertises sont lentes.

Certes nous comprenons l'impatience des parties, nous comprenons l'impatience des Magistrats qui désireraient pouvoir rendre plus rapidement la Justice. Mais nous sommes ici en présence de ce dilemme :

— ou bien faire défiler les dossiers en se contentant d'une étude sommaire et superficielle, faite au besoin en partie par un stagiaire ou un secrétaire.

— ou bien étudier les affaires consciencieusement, avec le maximum de célérité évidemment, mais sans envisager une limitation quelconque du temps.

Il faut donc faire confiance à l'Expert, et à ce sujet il est parfois démoralisant — et le fait se produit à Paris comme en province — d'être rappelé à l'ordre tous les mois, en vue de l'établissement de la notice qui doit tenir les Parquets Généraux au courant des affaires de leur ressort.

Et sur ce point, il nous sera permis d'observer que la très intéressante circulaire de Monsieur le Garde des Sceaux du 3 avril 1930 est conçue dans un esprit particulièrement libéral qu'il serait souhaitable de voir appliquer à tous les échelons.

Parlant de la durée des informations, Monsieur le Garde des Sceaux indique en effet :

« Je ne méconnais pas que les nécessités d'une instruction complète, accompagnée d'expertises délicates, la recherche des complices, l'envoi et le retour de commissions rogatoires, justifient le plus souvent le retard apporté au règlement de la procédure. »

N'est-ce pas la consécration de ce que nous indiquions plus haut. Et la circulaire reconnaissant la nécessité des instructions complètes, longues par conséquent, se préoccupe surtout des inculpés détenus préventivement. Et Monsieur le Garde des Sceaux précise :

« D'ailleurs, les inconvénients les plus graves d'une information prolongée disparaîtront si la mise en liberté provisoire de l'inculpé vient à être accordée. »

La circulaire susvisée permet, d'autre part, de se rendre compte que la Chancellerie attache de l'importance aux notices mensuelles, surtout en ce qui concerne les détentions préventives.

« ... à cet effet, les notices que vous adressent, soit vos substituts, soit les Juges d'Instruction, sont de nature à vous fournir tous renseignements utiles en ce qui concerne la détention des inculpés.

« Au surplus j'estime que ma Chancellerie doit-être exactement informée de toute détention d'une durée supérieure à 6 mois... »

Pourquoi donc ce délai de 6 mois ne serait-il pas admis également en matière d'expertise, pourquoi n'attendrait-on pas ce délai, avant de demander des explications aux Experts ? Ce serait en tout cas, pour eux, une petite satisfaction morale.

VII

Des Rapports officieux

En matière d'expertise, la question suivante se pose fréquemment :
Peut-on admettre qu'une des parties en cause, non satisfaite des résultats d'une expertise ordonnée par un Tribunal et n'ayant pu obtenir une contre-expertise, fasse faire par un Expert de son choix une contre-expertise officieuse?

Question très délicate que certains Tribunaux tranchent en rejetant systématiquement, pourrait-on dire, tout rapport officieux.

Cette solution radicale doit-elle être approuvée? Il ne paraît pas que l'on puisse, sur ce point, donner de réponse définitive. On ne peut malheureusement contester, sauf à nier l'évidence même, que tous les Experts n'ont pas la même conception de leur rôle et de leurs devoirs; on ne peut nier que nombreux sont ceux qui sont beaucoup plus agents d'affaires ou défenseurs qu'Experts, et, dans ces conditions, on comprend que le Tribunal puisse craindre de trouver dans le rapport de l'Expert officieux, non une contribution à la recherche de la Vérité, non une étude impartiale, mais, au contraire, une déformation de la Vérité, un véritable plaidoyer *pro domo*. De là à rejeter le rapport, il n'y a qu'un geste à faire.

Cette suspicion, en somme parfaitement compréhensible, s'atténuera certainement dans les temps futurs, si l'on continue l'organisation de la profession. Le jour où une réglementation sévère sera définitivement en vigueur, où les Conseils de Discipline Régionaux auront été établis, le jour où toute infraction aux règles d'honneur, de probité et d'indépendance, qui doivent être à la base de notre profession, donneront lieu à répression, ce jour-là, il n'y aura aucune raison pour que les Tribunaux refusent d'entendre un Expert officieux, de prendre connaissance de son rapport, et de mettre au besoin en balance ses arguments avec ceux fournis par l'Expert officiel.

D'ailleurs, il faut observer que le plus souvent, celui qui agit officieusement aujourd'hui, agissait officiellement hier, agira encore officiellement demain. N'est-ce pas lui faire injure que de supposer que sa conscience pourra tolérer un jour ce qu'elle n'admettrait pas le lendemain.

De toute façon, lorsqu'un Expert consent à établir officieusement un rapport destiné à être opposé à celui de l'Expert désigné par le Tribunal, il doit, à notre avis, s'astreindre à des règles rigoureuses, notamment :

a) bien préciser les conditions dans lesquelles a été effectuée la contre-expertise ;

b) refuser de prendre connaissance d'un livre ou document qui, demandé par le premier Expert, n'aurait pas été communiqué à celui-ci, sauf à relater très explicitement le fait dans son rapport ;

c) dans le cas où un document aurait été découvert postérieurement au dépôt du rapport du premier Expert, faire ressortir très nettement et très explicitement le fait nouveau ;

d) se mettre en rapport avec le premier Expert, et, si elles y consentent, avec les parties en présence, afin de donner autant que possible à la deuxième expertise un caractère contradictoire.

On ne saurait admettre, en dehors de ces règles essentielles, aucune contre-expertise officieuse.

Sur cette question, la Compagnie de Rouen nous dit excellemment :

« Nous ne croyons pas qu'un Expert doive systématiquement refuser d'intervenir officieusement dans une affaire où un de ses confrères a été désigné officiellement par un Tribunal, mais, comme une expertise n'est pas une plaidoirie à opposer à une autre plaidoirie, l'Expert officieux doit se mettre immédiatement en rapport avec l'Expert officiel, afin que son concours présente seulement un caractère de contrôle et une confirmation d'exactitude.

« Cette façon de procéder a pour résultat de maintenir entre les Experts un réel sentiment de confraternité, sans nuire cependant à la recherche de la vérité ; une collaboration étroite est toujours favorable à l'intérêt bien compris d'un travail d'expertise. »

« *Une expertise n'est pas une plaidoirie à opposer à une autre plaidoirie* ». Heureuse formule qu'il faudrait propager, car, hélas ! il faut avoir le courage de le dire, nombreux, trop nombreux sont ceux qui pensent qu'un Expert n'a d'autre souci que de démontrer que son client a raison. Et ce qui est plus triste, nombreux, trop nombreux, sont les Experts, ou plus exactement ceux que l'on a appelés les experts marrons, les irréguliers de l'Expertise, qui justifient cette opinion.

Il nous appartient, répétons-le bien haut, de démontrer qu'en dehors des Experts, sans conscience, n'ayant d'autre but que de faire des affaires, n'importe quelles affaires pourvu qu'elles soient bien rétribuées, il existe une autre catégorie d'Experts dont le nombre ira croissant à l'abri d'une réglementation protectrice. Pour ces derniers, une seule chose importe : Il ne s'agit pas d'une question d'honoraires, il s'agit de faire la lumière, de découvrir la Vérité, sans se préoccuper de savoir à qui seront favorables les constatations faites.

L'Expert officieux doit avoir le courage de conclure éventuellement contre son client puisque, aussi bien, un Expert ne doit jamais transiger avec sa conscience.

Et lorsqu'il deviendra superflu d'énoncer ces vérités premières, les Tribunaux ne feront plus de difficultés pour écouter les explications, même officieuses, qui leur seront fournies par un Expert qualifié.

VIII

Des Honoraires

Cette question faisait partie du cadre primitif de notre rapport.

Toutefois, à la réflexion, nous n'avons pas cru opportun de la traiter ici, d'abord parce qu'elle nous entraînerait encore dans d'assez longs développements, mais surtout, parce que dans ce rapport, nous l'avons dit, nous nous sommes détaché de toute préoccupation d'intérêts. Nous avons voulu simplement, au nom de la *Fédération*, apporter notre collaboration à l'organisation de la Profession, qui sera l'œuvre de demain, et nous avons envisagé la question en nous élevant au-dessus de toute contingence matérielle.

Nous fermons donc immédiatement ce chapitre.

IX

De la nécessité de sélectionner les Experts Les Stagiaires au Tribunal

Il est incontestable que si l'on admet les idées contenues dans ce rapport, on doit être amené à considérer que l'Expert-Comptable, dans l'avenir, doit jouer et jouera un rôle beaucoup plus important que dans le passé.

Mais alors, et nous revenons ainsi à notre point de départ, la réglementation, une réglementation rigoureuse, s'impose.

La création du Brevet d'État constitue, nous l'avons dit, un premier pas dans cette voie. Les Décrets qui régissent la matière, sauf les quelques modifications proposées par la *Fédération*, se suffisent à eux-mêmes, ils donnent les garanties de compétence nécessaires. Il suffira donc de veiller à leur stricte application pour que les Experts de l'Avenir aient une formation intellectuelle et technique suffisante pour exercer dignement leur profession.

Mais l'instauration de ce diplôme ne doit être considérée que comme le prélude d'une organisation plus complète et plus définitive, d'une organisation que nous avons toujours réclamée et que nous ne cesserons de réclamer, car nous ne voulons pas que l'on puisse dire de nous, comme l'a fait M. de Monzie, que nous sommes les « beati possidentes » qui n'ouvrons la porte de la chapelle qu'aux amis.

Non, nous ne sommes pas des « beati possidentes », nous ne faisons partie d'aucune féodalité, nous sommes simplement des pionniers travaillant pour l'avenir d'une profession que nous aimons, d'une profession dont nous comprenons la grandeur, et cela sans souci de nos intérêts personnels. Pour certains d'entre nous, on pourrait dire : contre nos intérêts personnels.

Quoi qu'il en soit, nous n'avons pas la prétention ici de jeter les bases définitives de l'organisation nécessaire. Mais nous estimons qu'il y a lieu d'insister sur une question que nous avons déjà examinée (1) et de revenir sur une proposition que l'Association des Stagiaires de Marseille vient de faire sienne en émettant récemment le vœu suivant :

« Que la surveillance d'un Conseil de Discipline soit maintenue, même après l'examen final, et étendue ainsi à tous les Experts-Comptables reconnus par l'État, cette disposition devant donner au Brevet une valeur morale indéniable... »

Il nous est agréable de rencontrer ainsi, chez les Experts de demain, une mentalité qui les honore puisque, soumis comme Stagiaires au contrôle d'un Conseil de Discipline et ayant la possibilité par la possession de leur diplôme de s'évader de ce contrôle, ils en demandent, au contraire, le maintien.

Voilà donc encore un point sur lequel Experts-Comptables et Stagiaires sont d'accord avec M' Hesse, Député. Ils ne peuvent qu'applaudir aux observations faites par ce dernier à la Tribune lorsqu'il a indiqué :

« On devrait bien, dans les Tribunaux auprès desquels sont attachés de nombreux Experts, créer un Conseil de l'ordre ou une Chambre de Discipline... »

La Fédération des Compagnies d'Experts-Comptables de France et des Colonies verrait d'autant moins d'inconvénients à l'établissement de ce contrôle qu'en fait, elle a jeté elle-même les bases, en instituant dans son sein un Conseil de Discipline, en dehors de celui qui existe dans toutes les Compagnies affiliées.

Il y aurait donc lieu, soit d'étendre les pouvoirs du Conseil de Discipline Régional prévu par le Décret du 22 mai, soit, si l'on se place plus particulièrement au point de vue judiciaire, de créer auprès des Tribunaux une Chambre de Discipline spéciale qui devrait d'ailleurs nécessairement comprendre un certain nombre d'Experts-Comptables.

*
*

Inscription au tableau.

Reste à dire un mot des conditions dans lesquelles un Expert est inscrit sur la liste des Experts du Tribunal.

---

(1) Voir rapport du 3 mars 1930

Peu ou pas de formalités : une demande est adressée par le postulant. Cette demande contient quelques références et le *curriculum vitae* de l'intéressé, qui a quelquefois collectionné toute une série de diplômes des cours X ou de l'Institut Y et qui paraît ainsi avoir des capacités suffisantes.

Une enquête est généralement ordonnée.

Or, que peut valoir une enquête de cette nature, faite par les services de la Sûreté ou par un Commissariat de police ? « N'a fait l'objet d'aucune remarque défavorable de nos services », « sa conduite et sa moralité sont bonnes », « vit honorablement du fruit de son travail ». Vous reconnaissez bien, n'est-ce pas, le style de la profession ? Vous admettrez d'ailleurs aussi qu'il est difficile de dire autre chose d'un Expert qui est peut-être à ses débuts dans la carrière et qui n'a donc pas d'histoires.

Comment un agent de la Sûreté, quelle que soit par ailleurs sa valeur professionnelle, pourrait-il donner une appréciation sur la façon dont l'Expert comprend son rôle et exécute les missions qui lui sont confiées.

L'Expert sera donc, en fait, inscrit sans que le Tribunal qui l'accueille ait sur lui des données précises, et c'est profondément regrettable.

Et on se demande vraiment pourquoi ne se généralise pas la pratique adoptée par certains Tribunaux et consistant à demander son avis à la Compagnie d'Experts-Comptables de la région.

Cet avis, donné à titre purement consultatif, ne pourrait évidemment lier le Tribunal, mais cependant il constituerait pour celui-ci un précieux élément d'appréciation. Oh ! nous entendons bien : « mais ceux qui seront inscrits, les fameux « beati possidentes » opposeront toujours leur veto aux demandes d'admission nouvelles ».

L'objection ne serait pas sans valeur s'adressant à des Compagnies individuelles, simples organismes de défense personnelle; elle ne peut s'appliquer à des Compagnies affiliées à notre *Fédération* qui n'envisage que l'intérêt général de la profession. Au surplus, il faut se souvenir que la *Fédération* a été chargée, dans le Décret organique, de la transmission des dossiers des candidats. On ne verrait donc aucune objection sérieuse à faire intervenir les Compagnies Régionales dans l'enquête faite lors de l'examen des titres d'un candidat, d'autant que, nous le répétons, il s'agirait simplement d'une consultation, non d'une décision

Cependant, si l'on considérait comme possible que la crainte de la concurrence amène les compagnies à donner systématiquement un avis défavorable, danger inexistant, nous le répétons, mais que d'aucuns ne manqueront pas d'exagérer, il y aurait d'autres solutions à envisager. Notamment on pourrait, lors de sa demande d'inscription au Tribunal, demander à l'Expert de produire des spécimens de travaux professionnels et soumettre sous la forme anonyme ces spécimens à l'appréciation d'une commission désignée; on pourrait encore envisager la création, auprès des Tribunaux importants, de Compagnies judiciaires avec des conditions de recrutement bien déterminées; on pourrait... mais nous nous arrêterons là, ne voulant pas sortir du cadre que nous nous sommes tracé.

Nous signalerons en terminant une question qui n'est pas sans importance et pour laquelle il serait nécessaire qu'une décision intervienne sans délai :

Peut-on demander que les listes des Tribunaux ne comprennent que des Experts titulaires du Brevet d'État? et subsidiairement, peut-on admettre l'inscription des Stagiaires sur ces listes?

***

Les Experts reconnus par l'État doivent-ils seuls figurer sur les listes des Tribunaux.

Notre réponse sera ici aussi catégorique qu'inattendue pour certains qui écrivent l'histoire à leur manière. Non, en l'état actuel des choses on ne peut songer à exiger que tous les Experts inscrits près des Tribunaux soient munis du Brevet d'État. Deux raisons essentielles s'y opposent :

a) Respect des situations acquises : l'Expert diplômé d'aujourd'hui était non diplômé hier, le diplôme n'a rien changé à sa valeur. S'il a plu à l'Expert de ne pas postuler pour le diplôme, il n'y a donc pas lieu de ce fait, de le radier.

b) La profession d'Expert-Comptable reste libre. Or, il se peut parfaitement que tel Expert, bien que n'ayant pas jugé opportun, pour des raisons quelconques, de se soumettre aux épreuves prévues, ait acquis un bagage important de connaissances, que cet Expert se soit signalé par la valeur de ses travaux, imposé par la droiture de son caractère.

Il est certain que nous envisageons ici une exception, et que, d'une façon générale, on l'a dit et répété, l'organisation actuelle donnera plus de garantie, mais enfin même si le type d'Expert auquel nous faisons allusion reste exceptionnel, faut-il pour cela lui interdire l'accès des Tribunaux? Evidemment non.

Observons ici que nous parlons du présent. De quoi demain sera-t-il fait en matière comptable? La profession restera-t-elle libre? Le titre d'Expert-Comptable ne pourra-t-il plus être pris que par les Diplômés? Nos successeurs discuteront ces différents points.

De toute façon, examinant la question aussi largement que possible, si nous admettons l'inscription sur les listes des Tribunaux d'Experts non titulaires du Brevet, nous devons déclarer très fermement qu'il ne saurait y avoir inscription dans les cas suivants :

a) Un Expert comptable, s'étant présenté aux épreuves et n'ayant pas été admis, ne doit pouvoir en aucun cas figurer parmi les Experts des Tribunaux.

En effet, comment admettre qu'un candidat, dont l'insuffisance serait nettement démontrée par son insuccès, puisse être Expert près les Tribunaux?

b) Un Stagiaire ne peut davantage être inscrit.

Cette proposition est un corollaire de la précédente, car si l'on admet que le candidat, entré dans la voie officielle, ne peut être inscrit qu'après avoir passé avec succès les épreuves définitives, en ne peut accepter évidemment l'idée de l'inscription avant la passation de ces épreuves.

Au surplus, il faut bien préciser la question, Nous l'avons dit, l'Expert peut suivre deux voies : la voie libre, la voie officielle. Nous avons admis que, suivant la voie libre, il pourra, au bout d'un temps plus ou moins long, s'imposer par son talent. A ce moment-là, celui qui emploiera cet Expert le fera en quelque sorte à ses risques et périls. Mais puisqu'ayant la possibilité de s'adresser à des Experts diplômés, il préférera choisir un Expert sans titre c'est que, vraisemblablement, il aura pu apprécier directement ce dernier.

Mais s'il s'agit d'un candidat ayant le désir d'obtenir l'investiture officielle, la question est différente.

Lorsqu'un candidat vient de passer son premier examen, et qu'il va commencer son Stage, il démontre lui-même qu'il n'est qu'un débutant.

Or, l'Expert judiciaire ne peut-être un débutant. Les Tribunaux ne doivent s'adresser qu'à des hommes véritablement mûris par l'expérience.

D'ailleurs l'inscription au Tribunal d'un Stagiaire peut conduire à cette situation bizarre, inadmissible même :

Un Stagiaire nommé dans une affaire en même temps que l'Expert titulaire chez qui il effectue son stage. Ce Stagiaire aura-t-il vis-à-vis de son « patron » l'indépendance, aura-t-il la compétence nécessaires pour discuter les points délicats de l'expertise...

Conclusions

Pour résumer les considérations exposées dans le présent rapport, et pour tenir compte des observations qu'il contient, la *Fédération des Compagnies d'Experts-Comptables de France et des Colonies*, réunie en Congrès à Nantes, les 7 et 8 juillet 1930, émet les vœux suivants :

I. Considérant que l'évolution économique moderne, les progrès incessants réalisés dans toutes les branches de l'activité du Pays obligent à avoir recours dans de nombreux cas, à des techniciens spécialisés :

— Qu'en ce qui concerne la solution des difficultés ou des procés de toute sorte qui peuvent surgir à chaque instant et qui touchent à la science des comptes, il est indispensable d'avoir recours à des Experts-Comptables ;

— Que toutefois, eu égard au rôle de plus en plus grand joué par ces Experts-Comptables, il y a lieu d'envisager l'organisation définitive d'une profession de grande importance dont l'existence légale a été reconnue par le Décret du 22 mai 1927 ;

— Que cette organisation s'impose de façon plus instante encore en ce qui concerne les Experts-Comptables inscrits sur les listes des Tribunaux, les conclusions des rapports de ces Experts pouvant avoir éventuellement pour résultat ou un acquittement immérité ou, ce qui est plus grave, une condamnation injustifiée ;

— Que, dans ses grandes lignes, cette organisation doit tendre à assurer la technicité professionnelle, l'honorabilité et l'impartialité de l'Expert ;

— Que la compétence technique peut être considérée comme assurée dans l'avenir par le Décret du 22 mai 1927, compte tenu des modifications demandées dans le rapport de la *Fédération* du 3 mars 1930 ;

Considérant que, par contre, aucune garantie n'est offerte actuellement quant à la moralité, l'indépendance et l'impartialité de l'Expert ; Considérant notamment que les Experts munis du Brevet d'État et n'étant affiliés à aucune Compagnie constituée peuvent sous couvert d'un diplôme officiel exercer sans contrôle et sans sanction une profession particulièrement délicate.

La Fédération renouvelle le vœu :

Que les pouvoirs des Conseils de Discipline Régionaux soient étendus ; que les Experts titulaires soient astreints à une inscription à la Région économique, tombant ainsi sous le coup des dispositions prévues au Décret du 22 mai 1927, dans le cas où ils méconnaîtraient les règles de la profession.

*
* *

II. Considérant que l'Expertise Judiciaire est le plus souvent, eu égard aux conditions de la vie moderne, absolument indispensable à la manifestation de la Vérité et qu'il importe que l'Expert puisse fournir aux Tribunaux le maximum d'appréciation, la *Fédération émet le vœu* :

— Que les mandats donnés aux Experts, sauf en cas de contre-expertise, soient exprimés en termes généraux afin que ces Experts, compte tenu des éléments de la cause et de la documentation à eux remise, puissent orienter leurs recherches dans le sens le plus utile, sans être dans l'obligation de suivre une voie pouvant être sans issue ;

— Que les rapports établis par les Experts soient aussi complets et aussi circonstanciés que possible, de façon à permettre aux Magistrats ainsi qu'aux différentes parties en cause de se faire une opinion nette sur l'affaire examinée ;

— Que dans cet ordre d'idées les Experts, ayant pour unique souci de dire ce qui est utile — mais *tout* ce qui est utile — ne se préoccupent en aucune façon de la longueur de leurs rapports ;

— Que les rapports d'Experts soient faits autant que possible sous la forme objective sans toutefois qu'il y ait lieu de considérer que l'Expert ne puisse établir des hypothèses lorsque celles-ci sont suffisamment étayées ;

— Que cependant, lorsque l'Expert est amené à faire ainsi des suppositions, ou à raisonner hypothétiquement, il le fasse avec toute l'impartialité désirable, étudiant tous les cas, envisageant toutes les possibilités, donnant la préférence à l'hypothèse la plus favorable à l'inculpé, mais laissant la solution définitive au Tribunal qui, à la lumière des débats ou de l'Instruction, pourra fixer celle des hypothèses qui correspondra le mieux à la réalité.

— Que les Experts s'en tiennent, dans leurs rapports, à un examen technique des faits et à une étude de leurs conséquences, sans se prononcer sur le caractère délictueux des faits révélés, tout en orientant cependant leurs recherches et leurs conclusions suivant la nature du procès ou de l'inculpation. de façon à permettre aux Juges de situer exactement la question dans le cadre juridique qui convient ;

Émet également le vœu qu'en règle générale les expertises soient confiées à un seul Expert ; exceptionnellement et sur demande formelle des parties en cause à trois Experts.

*
* *

III. En ce qui concerne les conditions dans lesquelles les Experts sont amenés à soutenir leurs conclusions, *La Fédération émet le vœu* :

— Que tant en cours d'Instruction que postérieurement au dépôt de son rapport, l'Expert reçoive communication de toutes les notes, dires et critiques établies par les parties en cause et discutant les conclusions de ce rapport ;

— Que l'Expert, mandataire de Justice, ne soit pas traité à l'audience comme un simple témoin appelé pour donner son opinion sur un fait isolé ;

— Que cet Expert soit amené à discuter, pièces et rapports en mains, avec l'accusation ou la Défense et cela dans l'intérêt même d'une saine distribution de la Justice ;

— Qu'aucune pièce ne puisse être produite à la barre sans avoir été préa-
lablement soumise à l'Expertise.

*
* *

IV. En ce qui concerne les lenteurs ou soi-disant lenteurs de l'Expertise,
la Fédération

Considérant que le plus souvent ces lenteurs sont justifiées, soit par les
difficultés mêmes de l'Expertise, ou par l'importance du travail matériel à
fournir, soit par les difficultés éprouvées par l'Expert à recueillir la documentation
nécessaire à l'exécution de son mandat,

Emet le vœu qu'il soit fait confiance à l'Expert et que celui-ci ne soit pas
mis dans l'obligation de justifier tous les mois de l'état d'avancement de ses
travaux, à moins que le Tribunal l'ayant commis n'ait la preuve d'une négligence
certaine de sa part.

*
* *

V. Relativement à l'intervention dans une affaire, d'un contre-Expert
officieusement choisi par l'une des parties, considérant, qu'en principe, les
conclusions d'un rapport d'Expert ne doivent pas dépendre de l'origine des
fonds destinés à rémunérer cet expert :

La Fédération émet le vœu :

— Que cette intervention soit recevable comme contribution à la manifestation de la Vérité, mais à la condition notamment :

— Que le contre-Expert ne fasse état d'aucun document dont communication aurait été refusée, malgré sa demande, au premier Expert, sans relater
très explicitement le fait dans son rapport; qu'il communique, par contre, à ce
dernier les documents dont ses recherches personnelles lui auraient révélé
l'existence;

— Qu'il se mette en rapport avec l'Expert officiel et, éventuellement,
avec les parties tant pour leur donner connaissance des faits nouveaux résultant
de ses recherches, que pour discuter l'ensemble de l'affaire de façon à donner
autant que possible à son travail le caractère contradictoire qui convient à toute
expertise sérieuse;

— Qu'en un mot l'Expert Officieux examine les faits avec le maximum
d'impartialité et avec le même esprit que s'il avait été désigné par le Tribunal.

*
* *

VI. Considérant enfin que, eu égard à l'importance du rôle joué par les
Experts près les Tribunaux, il importe que la sélection déjà indispensable d'une
façon générale soit faite de façon plus rigoureuse encore pour cette catégorie
d'Experts;

Considérant qu'il importe, dans la mesure du possible, de s'assurer, non seulement de la compétence, mais encore de la moralité de celui qui demande son inscription auprès d'un Tribunal,

Considérant que sur ce point on ne saurait s'entourer de trop de garanties,

La Fédération des Compagnies d'Experts Comptables de France et des Colonies émet le vœu :

— Qu'une enquête sérieuse soit faite avant que soit ordonnée l'inscription au Tribunal, que des spécimens de travaux professionnels soient exigés et que les Compagnies d'Experts Comptables Régionales soient amenées à donner, sur le postulant, un avis motivé et éventuellement justifié par des documents.

Emet le vœu également :

— Que ne puissent être inscrits sur les listes des Tribunaux les candidats qui, s'étant présentés à l'examen d'Expert Comptable Diplômé, n'auraient pas été admis ;

— Que les aspirants au titre d'Expert Comptable faisant leur stage ne puissent davantage être inscrits.

Et d'une façon générale, *la Fédération des Compagnies d'Experts Comptables de France et des Colonies émet le vœu :*

— Que toutes dispositions soient prises en vue de l'organisation définitive de la profession, afin qu'une distinction puisse s'établir entre les Experts sérieux et compétents et les Experts marrons, toujours à l'affût des affaires louches ; afin que, par suite d'une trop grande similitude de pavillon, ne s'établisse pas dans l'esprit public une confusion regrettable ; afin que le discrédit mérité par ceux qui, suivant une expression de M. Laskine « se livrent à de répugnants travaux de falsification et de tromperie », ne puisse rejaillir, si peu que ce soit, sur les travailleurs intègres, exécutant loyalement les missions qui leur sont confiées, avec la seule préoccupation de découvrir la Vérité, de faire jaillir la lumière, de faire acquitter l'innocent et condammer le coupable.

Nantes, 7 juillet 1930.

A. RIDART,

Expert Comptable près les Tribunaux et la Cour d'Appel
(Diplômé d'État)

Chargé de Cours à l'Institut Technique Supérieur
et à la Faculté de Droit d'Aix.

Sous-Directeur Honoraire de l'École Supérieure de Commerce
de Marseille.

Fédération des Compagnies d'Experts-Comptables
de France et des Colonies

L'EXPERT-COMPTABLE AU TRIBUNAL

TABLE DES MATIÈRES